Escrito por Luzbel

Colección de Novela

Biografía

Fernando Delgado (Santa Cruz de Tenerife, 1947) publicó su primera novela, *Tachero*, en 1973. En 1980 apareció *Exterminio en Lastenia*, seguida de *Ciertas personas*, en 1989, y *Háblame de ti*, en 1993. En 1995 le fue otorgado el Premio Planeta a su novela *La mirada del otro* y al año siguiente publicó *No estabas en el cielo*, la primera de una trilogía familias en la que trabaja ahora. Su poesía se contiene en dos libros: *Proceso de adivinaciones* (1981) y *Autobiografía del hijo* (1995). *Cambio de tiempo* (artículos y ensayos) fue publicado en 1994.

Periodista en prensa, radio y televisión, dirige actualmente un programa de la cadena Ser y colabora en el diario *El País* y en los periódicos de la cadena Prensa ibérica. En 1995 recibió el Premio Ondas Nacional de Televisión por su tarea de difusión cultural en los telediarios de fin de semana.

Es licenciado en Filosofía y Letras y en Ciencias de la Información por la Universidad Complutense y tiene los premios Benito Pérez Armas 1973, Pérez Galdós 1979 y Europa (Salerno, Italia, 1986).

Escrito por Luzbel

Fernando Delgado

Planeta

Primera edición en esta colección: septiembre de 1999

Córcega, 273-279 - 08008 Barcelona (España)
Edición especial para Bestselia, S. A.

Diseño de cubierta: GAS - Toni Garriga
Fotografía de cubierta: © Photonica
Fotografía autor: © Ricardo Martín

ISBN 84-08-03311-5
Depósito legal: B. 34.847 - 1999
Impresor: Litografía Rosés
Impreso en España - Printed in Spain

A Pilar Lucendo y a Juan Altares

Todos imaginan la muerte hasta que un cadáver obliga a imaginar la vida.

M. RAMOS OTERO

PRIMERA PARTE

PRIMERA PARTE

I

ETELVINO DE LA SOTA, EL JOVEN, CUENTA LA DESVENTURA DE SU HERENCIA

Mi tío gustó demasiado de los papeles viejos y gustó de ellos hasta con lujuria. Lo digo con pruebas y no por hablar a tontas y a locas. La lujuria deja siempre sus huellas y aquí estaban. Dar más detalles ni es propio de un caballero ni de buen gusto. Pero la avaricia, que también se las trae, aunque sean libros y papeles lo que se acumule, es un vicio que aumenta con la edad y a medida que decae la lujuria. Además, es un pecado que despierta hambre del mismo pecado y nunca se acaba. Busca uno entonces con ansiedad espacios y espacios donde colocar las cosas y termina colocándolas donde no es su sitio, si es que al fin halla uno sitio para tanto. Que ésa es otra y por eso sucede lo que me sucedió a mí: que no encontré mi lugar en esta casa. Sin ir más lejos, me vi obligado más de una vez a levantar libros y documentos de un evacuatorio para desahogarme con incomodidad y cuidando mucho de no hacerlo sobre los propios papeles. Con una vez hubiera bastado, de haberme tomado yo un trabajo que no quise tomarme y haberlos colocado en sitio digno, pero la pereza a veces puede más que los apretones. Bien es verdad que no todos lo hacen con el mismo cuidado, porque algunas manchas que el tiempo cambió a su paso, y hay que dar gracias a Dios por ello, dan cuenta de que alguna vez mi tío lo hizo de urgencia en los propios papeles que tanto estimaba. De modo que, al final, los papeles que se arrejuntaban no sólo decían lo que decían, que a saber lo que dicen tantos papeles reunidos si se quiere saber todo ligado y a la vez, sino que, encima, olían. Y a veces y en silencio hasta respiraban.

Mas lo que yo quiero contarles no es esto. Y debo empezar contando que por llenarse de libros y almacenarlos, mi tío paterno, que se llamaba Etelvino de la Sota como yo, despobló nuestra casa de Sevilla donde vivía él solo. No quedaron aquí ni cuadros ni muebles. Y lo que es peor: tampoco pesos. Primero vendió lo que pudo para mercar más papeles con lo que recaudaba a costa de lo que eran sus propias pertenencias y hubieran debido terminar siendo las mías sin que al cabo lo fueran. Después, ya vendía para tener más sitio donde guardar sus papeles, con lo que al final no encontré yo mi sitio, como les digo con mucha insistencia.

Tanta fue mi rabia al hallarme desposeído, no sólo de esos bienes tangibles sino de la tranquilidad que procuran, que me juré dar a las llamas lo mismo los libracos que las hojas sueltas de mi herencia. Se entenderá sin dificultad que yo quisiera vengar con el fuego semejante descuido de mi casa. Y espero que se entienda mejor todavía la poca simpatía que en este trance me suscitaban los libros, que para mi tío lo eran todo. Y si no lo eran, al menos lo parecía. Semejaban los hijos y las amantes que nunca creí que llegara a tener y se instalaban en esta casa como unos herederos de sí mismos, irreductibles y ufanos, aunque algo agitados por el miedo a mis propósitos de llevarlos a la hoguera. Y sé bien lo que digo cuando digo «agitados». Los libros se enteran más y mejor de lo que pasa por nuestra imaginación que de lo que hablamos, y se refleja en ellos la hoguera encendida tan pronto la imaginamos nosotros. Es un privilegio que poseen y se comprende bien que lo tengan porque se alimentan de eso. Yo digo que murmuran a su manera y nadie me cree, pero basta pasar una noche en una biblioteca para oírlos. Lo que sucede es que hay poca gente que haya intentado dormir en una biblioteca como me ha obligado a mí el destino, durmiendo entre papelajos y más papelajos sin haber elegido semejante compañía.

Y aunque no me había propuesto hablar de mí, insisto, me veo obligado a hacerlo. Si fui más dado al placer que al trabajo, porque ni había sido educado para otra cosa ni les extrañaba nada a los demás que lo hiciera (muy al contrario: son en Sevilla harto indulgentes con los haraganes), sucedió así porque yo esperaba de mi tío una buena herencia. Se entenderá que si después me vi privado de fortuna, la culpa la tuviera él, que convirtió su pasión en vicio, como queda dicho con resquemor no disimulado. Y no hay que confundir una cosa con la otra, la pasión con el vicio, por más que ya he explicado que mi tío las confundió todas hasta el extremo.

Sucedió empero que, después de muerto mi tío, pasado el tiempo que se reserva al sepelio y a los funerales, yo de luto y los libros ajenos a esas obligaciones, tuve pereza para la quema. Y no por haber cambiado de idea sino por lo mucho que estaba acostumbrado a la desidia. Se ha de tener en cuenta que incendiar los papeles no quería decir que quisiera yo quemar nuestra casa con ellos dentro y encima quedar luego a la intemperie. Y no queriendo hacer esto, era preciso separar una cosa de la otra, naturalmente. O sea: debía poner los libros a un lado y la casa a otro. Sin embargo, Dios me hizo cachazudo para todo y también para poner en práctica lo que decido. Por eso dejé pasar los días y me vino por ventura una ocurrencia. Y fue ésta: que bien podría yo olvidarme de venganzas y tratar de resarcirme de mis pérdidas con la venta de aquellos papelajos, ya que otros viciosos habría que al igual que mi tío se empeñaran en arruinar a los suyos con semejantes mercaderías. Claro que me di cuenta en seguida de la trampa que esto encerraba: podría implicar una cierta compasión por los papeles, libros o no; quizá una debilidad atribuible a lo mucho que me había hecho yo a convivir con ellos. Al oírlos suspirar de alivio, porque se los oía, quise mantenerme en mis trece y no darles tregua. Por eso y por otra razón: porque también suponía gran trabajo para mí la venta y no vengo ocultando que sea perezoso. Así que pasaron más días y más días y fui entendiendo con el paso del tiempo que antes de vender tendría que conocer qué papeles eran aquéllos y a quién podrían servir más y cuánto darían por ellos. Y cuando los miraba, revoloteaban las hojas con desvergüenza, dándome la razón, contentos, pero era evidente que lo hacían de un modo interesado. En éstas andaba yo, y me dolía el cuerpo de tanto trajinar en sus páginas e insultarlos (si aparecían mohosos por mohosos, si roídos por ratón, o de muy mal ver, por dejarse hacer, por imbéciles...), cuando hallé unos que casi estaban en un revoltijo y me di a leerlos por casualidad. Digo casualidad y a lo mejor no lo fue, pues entre aquellos papeles quizá anduviera el diablo. Y andaba. Me lo confirmó el cardenal que rige esta archidiócesis, y ofrecióse él mismo a venir a exorcizarlos. Me negué a que lo hiciera, porque tuve por inconveniente que encima, con el exorcismo, cayera agua donde debió haber fuego, que era lo que merecían. Y por una segunda cosa: algún estipendio me valdría aliviarlos de

Luzbel, que no hay clérigo en la Tierra que no cobre por su oficio, y más si arzobispo es, y yo no tenía un peso. Quiero reconocer también una tercera razón para negarme: que si se me pusieron más a mano los papeles fue porque el diablo no debió de ser ajeno a esa primera y vaga seducción. Así que los encontré complacidos con mi interés y ganando en claridad a cada rato, afanándose en serme claros por adularme, aunque estuviera yo en la parte más sombría de lo que fue un gabinete de gran lustre, cuya mucha caoba había quedado sepultada también por los malditos papeles. Y en éstas pensé que la vida es como esas cartas y esas crónicas, aunque lo que yo piense no deba ser tenido en cuenta por nadie ni por mí mismo, y que tan pronto las cosas son como parece como no es lo mismo, ya digo.

Lo pensé mejor y hallé placer en reunir los papeles antes que en venderlos. En ésas estaba, ratificándome para mis adentros en la decisión, cuando de pronto los papeles empezaron a burlarse de mí con las mismas artes que el demonio. Se doblaban por las puntas en señal de victoria y organizaban una gran bulla a la que quizá no fueran ajenas las corrientes de aire que yo mismo originé para que respiraran más a gusto. Mi propio tío, concluí, andaba en chanzas conmigo, porque los espíritus se valen a veces del aire para silbar a su manera y con burla. Los miré amenazante y cesó el revuelo de papeles. Quedaron todos en paz o en puro miedo, cobardes, tan pronto cerré las ventanas de modo brusco y con golpes que llevaban la intención de asustarlos. De modo que me puse a ordenarlos como Dios me dio a entender, sin premuras, aunque no se me escapara que también al revés podrían ordenarse y que a lo mejor yo los ordenaba así no porque Dios lo quisiera sino porque quien así lo quería era el mismísimo diablo. Ignoraba si mi tío, allí donde se encontrara, que no sería en sitio bueno, estaría riéndose de mí como sus papeles, pues muy al contrario de ejercer la venganza como me había propuesto, caí yo en la trampa de prestar atención a sus curiosidades y salvar sus papeles al fin, siquiera en una parte, que de la otra ya se vería.

II

FRAY CARLO BIZZARRI DESCRIBE SU VIAJE A SANTA MARÍA DEL VIENTO POR VER DE HALLAR LOS VERDADEROS DESPOJOS DE MONSEÑOR JUAN DE LEQUERICA

Entre los papeles de Etelvino de la Sota se mezclaban las cartas de un tal Francisco de Pardellas y Moreiras, del cual había un grabado en una especie de alacena, y por eso supe que era de nariz aviesa, o sea, perversa o mal inclinada, y guasón por los labios, con las de otro tal fray Carlo Bizzarri, abogado del diablo en lo que ya veremos, al decir de mi tío, y si atendemos a lo que él se nombraba, promotor de la fe. Aunque de éste no había retrato lo imaginé orondo y desconfiado, malicioso en la mirada, y a verlas venir con gran comodidad; interesado, algo egoísta. Supe después que se trataba de un hombre más bien flaco y de buen ver y a veces inseguro y temeroso. Uno, el erudito —gallego, mas viviendo en Salamanca, como averiguaría después inútilmente—, cínico y descreído a su manera y cambiante de opinión si le convenía. El otro vivía en Italia, en Asís o en Roma, que siempre andaba de un lado para otro, aunque llegué a saber que acabó con sus carnes en Génova. Los dos buscaban verdades o mentiras por donde se pudiera con tal de beatificar, o no, a un obispo (fray Juan de Lequerica era su nombre) que no se sabía con claridad dónde estaría enterrado. No es que se ignorara el paradero de sus huesos porque no hubieran hallado conveniente sepultura para él, que a saber si la halló, sino por abundancia de ellas. Dos villas, Vitria —ésta porque la fundó— y Santa María del Viento —porque muriera en ella, dicen que evangelizando—, cada una en su distancia —una cerca de aquí, yendo hacia Cádiz, y la otra por donde está Mallorca, pero sin ser Mallorca—, decían tener sus restos. Yo acababa de saber que el fraile Bizzarri estuvo en una al menos, la más cerca de aquí, Vitria, sin que hubieran llegado a convencerle de que los despojos que halló fueran los de Lequerica. Tantos reparos puso a darlos por auténticos, y tan públicos los hizo, que una noche, mientras paseaba por los jardines del convento, vio venir en lo que parecía una procesión amenazante a unos mozos con antorchas, y supo después que con palos, y a unas mujeres con velos tras de ellos. Y poco más vio, según le contó a Pardellas y Moreiras en los papeles de mi tío, porque al pronto ya estaba en el suelo con grandes dolores, según escribió, y con los ojos negados a ver las estrellas. Lo dejaron en un estercolero y allí se despertó llegada el alba y fue el propio padre guardián del convento de Vitria el que lo devolvió a Roma aconsejándole que se alejara de toda averiguación. Y como no atendió a los consejos, el prior, desobedeciendo a Roma por lo que sostenía era el bien de la Iglesia, lo echó de las peores maneras. Tras ese fracaso, puso el fraile todo su anhelo en arribar a la otra villa, Santa María del Viento, y dijo querer pasar por esta casa antes, pero es de suponer que no vino, por lo que mi tío le reprocha en una carta que acabo de ver. Supo mi tío de él por lo que el fraile le contó del viaje a Pardellas y Moreiras. Y lo que le contó del viaje el fraile al erudito es lo que sigue:

Fray Carlo Bizzari a Pardellas y Moreiras, 4 de junio de 1732

Daba tales bandazos la nave que aunque percibí la luz del día no estaba mi cuerpo en condiciones de alzarse, mi dueño y estimado amigo. Fue el reclamo del capitán para que viera la isla del Viento, con la cara que tiene la isla cuando el sol que le nace por la parte del mar donde estábamos nosotros le da unos relieves que la hacen otra, lo que me hizo verla. Pronto vi los pájaros que conocía de los papeles, y los oí también, porque son más bellos quizá oídos que vistos y anuncian con sus cantares tan bíblicos que cerca tiene uno un paraíso. El sol iba naciendo a su capricho, que es un capricho ordenado, y según nacía aumentaba en mí el ansia de pisar aquella isla que parecía una promesa. ¿Por qué será que la luz así, de tan espontánea y natural, crea en nosotros una mezcla de desasosiego y de gozo, de certidumbre y de engaño? La vida se retrata en esas sensaciones porque la vida nunca es una cosa sin la otra. ¿Será así el cielo?, me pregunto. Y cuando me lo pregunto ya estoy dándome cuenta de que, al fin y al cabo, el cielo no es otra cosa que el final de un viaje en el que unos encuentran la mar más a favor que otros.

Para arribar y poner las amarras estuvo a favor la mar, tan plácida que parecía distinta a la que hasta allí nos había llevado y tan clara que parecía que habían puesto un cristal entre una parte y otra de la tierra. Salían o volvían pescadores de aquellas orillas y lo hacían todo en silencio, volver o zarpar, porque en aquel puerto nadie daba una voz tan de mañana. Distinguí en seguida al arcediano de la Santa Iglesia Catedral de Santa María del Viento, no sólo porque era uno de los dos únicos clérigos que se hallaban por delante de la otra gente que acudía al puerto a recibir a los suyos, sino porque, de los dos, era el que llevaba un ribete cárdeno en la botonadura de la sotana, y en las mangas y en el cuello, y cárdenos eran también los botones. Hizo un ademán de saludo contenido con la mano, y el que le acompañaba, que después supe que era beneficiado de la misma catedral, bajó la cabeza en señal de saludo. En lo que respecta a mí, resultaba de fácil distinción porque era yo el único franciscano que arribaba en la nave. Cuando llegué hasta ellos, ayudado por el beneficiado en el transporte de mis bártulos, que era un saco de peso por los libros, y sin que el señor arcediano diera un paso adelante del lugar en el que lo encontré, más tieso por el contrario, brillándole los ojos cuanto más se los miraba yo, resplandeciente la calva que parecía de pontífice, y sin que la barriga le achatara la altivez, dijo el arcediano quién era y en nombre del señor obispo me dio una bienvenida escueta. No se movía quizá porque entendía que así se evidenciaba más su autoridad y estaba en la certeza de que ante mí no debía ceder en eso. Después mostró su nombre, Luis Llabrés, mas no se recató en advertirme que gustaba de ser llamado por su dignidad. El beneficiado dijo que él se llamaba Damián, mas ni dio otra importancia a su nombre ni quiso extenderse en explicarme cómo quería que lo nombrara, consciente de que él no era persona principal. Sin más rodeos solicitóme el señor arcediano la carta que el cardenal me había entregado con el mandato concreto que de la Santa Sede traía yo. Leyó con atención, sin moverse del lugar que ocupaba en la dársena por lo mismo que he contado a vuestra merced, y en la medida en que leía movía la cabeza sin ton ni son, fruncía los labios de un modo preocupante o preocupado y más se le encendían los ojos, que era por donde único podía percibir yo su enfado.

—Me ha dicho vuestra paternidad que ha sido bueno el viaje... —dijo el arcediano.

Parecía un cumplido, rompía así el silencio en el que las miradas se hacen más incómodas cuando no son hospitalarias. No le había dicho yo cómo fue el viaje, si bueno o malo, mas lo dije entonces, dije que bueno.

—No siempre por bueno —comentó él— un viaje es oportuno para la gloria de Dios.

El beneficiado celebró la frase de su superior levantando la cabecilla y asintiendo de un modo muy devoto.

—No cuidan más de la gloria de Dios —dije— los fieles que el Papa, pues la oportunidad de dar gloria al Altísimo se mide con más justa vara en Roma que fuera de Roma. —Y luego añadí con desafío disimulado—: ¿O no es así?

El beneficiado se sacudió los hombros de la sotana para quitarme la razón, o quizá para dármela; más bien para escabullirse. No podía saberse con exactitud en este caso.

—Así debería ser —respondió el arcediano. Estábamos ya sentados en la carreta y se miró el regazo al hablar, como si temiera perder la prudencia—. Mas conociendo como conoce el Santo Padre cuál es la verdad que asiste a nuestro clero catedralicio —prosiguió—, ¿no será cosa del demonio más que del Papa...?

Miró al mar que nos quedaba a la derecha y respiró antes de seguir hablando. O más bien pareció que desistiera de continuar.

—Se preguntaba vuestra señoría reverendísima —le recordé— si no será cosa del demonio más que del Papa...

—Sí... —Buscó las palabras—. Sí... ¿Cosa más del demonio que del Papa —se detuvo de nuevo a pensar y aclaró— enviar al enemigo a investigar lo verdadero? —Miró al cielo como si esperara de allí la respuesta y añadió—: ¿Qué es lo verdadero a los ojos del enemigo?

—¿Debo tenerme yo por enemigo? —pregunté.

Pasó por alto mi pregunta y se encendió en su oratoria, explayándose en una arenga de clara dicción y tono de fervorín.

—¿De qué artes, ciencias o iluminaciones se vale el enemigo para descubrir lo cierto? —gritó—. ¿Qué apariencias de verdad —elevaba aún más la voz por encima del ruido de la carreta— no puede poner Satanás en los ojos del que duda de nuestra palabra? Sólo la palabra, hermanos —parecía ahora predicar a unos fieles que se encontraran por el camino, aunque no los había; volvía el carretero su mirada, sorprendido, y elevaba las manos el arcediano al hablar—, sólo la palabra, hermanos —siguió—, heredada y transmitida de unos a otros, de unos que ven a otros que no quieren ver, proclama la verdad.

—Verdadera —remató el beneficiado con toda contundencia y como diciendo amén.

Lo miró el arcediano con desdén muy notorio y viendo que yo sonreía se le alteró el entrecejo y me preguntó en voz más queda:

—¿No me negará vuestra paternidad el interés de los franciscanos de Vitria por demostrar que poseen ellos y no nosotros el verdadero cuerpo del que fue más obispo que fraile...?

—Nada niego a vuestra señoría reverendísima, ni nada afirmo, pues con ser yo franciscano más me debo al Papa que a mis hábitos, y si busco algo, lo que busco es la paz y no la pelea.

—Busca la pelea quien pone en duda lo que la tradición y la fe demuestran —discurseó de nuevo el canónigo— y la duda remueve papeles y cenizas por ver de demostrar lo contrario. Vuestra paternidad sabe muy bien —me señaló con el índice en una vaga amenaza— hasta dónde puede llegar el diablo demostrando lo que quiere.

—Es hermosa la isla —me desentendí, y aspiré complacido al pasar por una umbría de pinares y contemplar al final de los pinos, esbeltos y antiguos, el mar como un remanso y el azul más intenso trayendo descanso a los ojos.

—Tan hermosa —dijo el beneficiado, moviendo la cabecilla con un estímulo inquieto y precipitado— que hasta aquí vino monseñor Lequerica —me miró fijamente— y no quiso irse de aquí y aquí murió. —Y sonó su risa como un sonajero para dormir a los pequeñines o como una campanilla de misa o como un violín chirriante, una risa aguda. Y mientras reía esperaba la conformidad del arcediano, que no lo miraba a él, ni me miraba a mí; buscaba al frente con una mirada despectiva, torva y ensimismada a la vez, y no alteraba su solemne compostura, su buscada elegancia.

—Dígame vuestra paternidad... —Se dio cuenta de pronto de que desconocía mi nombre o lo había olvidado—. ¿Cómo se llama...?

—Fray Carlo —aclaré—, fray Carlo Bizzarri.

—¿Sacerdote y no lego?

—Bien sabe vuestra señoría reverendísima que soy sacerdote, no falta el sentido a quien tiene la alta dignidad de arcediano para reconocer a un hermano en el sacerdocio.

—San Francisco no era sacerdote y eso se les nota a los franciscanos, padre Carlo —y remarcó la palabra *padre* en el énfasis que puso al decirla y en una forma de disponer los labios que no llegaba a ser una sonrisa—. Mas a lo que iba, padre Carlo, y disculpe vuestra paternidad que no le llame fray porque es como desmerecerle. Dígame: ¿qué es lo que le hace dudar de que monseñor Juan de Lequerica, noveno obispo de esta diócesis de Santa María del Viento, no esté enterrado en su Santa Iglesia Catedral Basílica y pueda estarlo en un eremitorio del que mejor convendría a la causa de su beatificación ignorar su existencia...?

—No soy yo quien duda, señor arcediano —deletreé con gusto sumo el tratamiento— y en esto soy más bien un humilde lego al que no alcanza la sapiencia de los canónigos ilustres.

—Si así es, explíqueme... —Y se esponjó en el traje talar, gozoso del reconocimiento de mi ignorancia, encogiendo los hombros con suficiencia para darse la razón.

—Le diré, señoría reverendísima: soy aquí un humilde siervo al que mandan a ver y a contar y contaré lo que vea.

—Ver, ver, verá lo que a sus frailes convenga. —Se volvió hacia mí, apoyó su codo izquierdo en la mano derecha y adelantando la izquierda de una forma burlona, dijo—: Más fe le convendría tener por ser fraile y dejar a quien sabe que cuente las cosas como son.

—Primero diré que los míos son los de vuestra señoría, o sea, los súbditos y los hijos del Papa —le repuse con ánimo de inquietarlo—. En cuanto a la fe, qué quiere que le diga, es más si la verdad es clara.

—Quien espera eso de la verdad humana —se repuso en su hierática forma— es un iluso o un necio. —Y como si lo hubiera olvidado, añadió para ofender—: O un lego.

Sus pómulos parecían ahora de cera, a pesar de que había tratado de protegerlos del sol con una teja. Su cara ardía toda. La boca apenas se le advertía, de tan fruncidos como llevaba los labios, y como si después de llamarme iluso o necio, y lego como insulto, ya hubiera dicho todo cuanto tenía que decir, movió las palmas de las manos a un lado y otro, cualquiera diría que borrando algo, no fuera a decir más.

Por fortuna vimos pronto la muralla de aquella ciudadela y la torre vigía en la que el gobernador Martín Walls gozaba de sus modorras y disfrutaba con sus ilusiones. Fue gobernador de Santa María del Viento porque así lo quiso Lequerica, y así lo quiso porque era un político irlandés con el que había casado su sobrina. Todas sus incurias las dejaba escritas con garabatillos el gobernador, en sus torpes cuadernos, y así me consta, pero de esos cuadernos prefiero no saber. No me es posible ver con buenos ojos al tosco Martín Walls y cada vez que hablo de él en este proceso me refiero a sus eructos, venga o no venga a cuento. En aquel fuerte de piedra se hospedaba y aquel fuerte dejaba ver ahora en el interior de su recinto la alta mole de los edificios eclesiásticos, y por lo bajo y sin querer romper el silencio de su arcediano, el beneficiado me señaló el esplendor gótico de la torre de la catedral-basílica y la espadaña del convento de los frailes.

—En buena hora —susurró— se les puso en su sitio.

—¿En qué sitio? —pregunté en alto, desdeñoso yo ahora y simulando hartura de tanta impertinencia.

Respondió el arcediano:

—En camino, sin más, se les puso en camino a los frailes.

—Con algún que otro quebranto en las costillas —se deslenguó el beneficiado.

El arcediano le rió la gracia.

No puede imaginar, mi dueño y estimado amigo, cuánto es el esplendor de este palacio episcopal de Santa María del Viento. Se cruzan jardines y jardines, hasta cinco conté, antes de llegar al palacio mismo de Su Ilustrísima. Están separados cada uno de ellos por un monumento, el primero de todos el de monseñor Lequerica, donde el propio Lequerica mandó erigir uno en honor de nuestro seráfico padre san Francisco, pero se lo quitaron al seráfico padre porque de él nada dicen recordar los canónigos después de que hubieran desterrado la estatua de nuestro fundador y nada se supiera de ella. El segundo de los monumentos sigue a una inmensa rosaleda y como si de un prócer local se tratara se yergue allí la figura del capitán Oswaldo Vera del que quisiera que algún día me hablara vuestra merced. Cambian las flores del tercer jardín y florecen aquí las adelfas como en Vitria, pero con muchos colores, otros que allí no vi, y está después de estos arriates el monumento que llaman de las Vírgenes Ahogadas, rodeado de araucarias. Pasa uno de las adelfas y las araucarias a las dalias, que son flores más refinadas, para ver lo que hay en seguida: el monumento a los ángeles por los que tanta devoción sintió fray Juan de Lequerica, nunca llamado aquí fray, pues los escudos de la orden franciscana, que puso el siervo de Dios por todas las esquinas, han sido arrasados y en su lugar se han colocado otras insignias civiles o eclesiásticas. El monumento a los ángeles muestra en el centro, en éxtasis, la figura de Lequerica, y alrededor y en todas las posturas, criaturas aladas, más delicadas unas que otras, fornidas algunas en demasía para ser ángeles del Señor y dulces otras hasta un extremo que diría a vuestra merced que parecen paganas, y muestran más de lo que un ángel debería mostrar, no sólo por la carnosidad sino por unas formas muy voluptuosas que ni la frialdad de la piedra disimula. No faltan los arcángeles aguerridos, con sus corazas y sus polainas, sus cascos y sus espadas, todos enredados los unos en los otros, formando un conjunto de contorsiones que permiten acoplar una figura con otra sin fisuras aunque con alguna inevitable y temible promiscuidad, de forma que no cabe entre ellas ni un alfiler, y así todas proclaman la unidad de la región angélica, el monumento a un sueño celestial. Dícese que lo dibujó el propio obispo Lequerica cuando ordenó levantarlo y resalta todo el que lo recuerda la extremada finura y el alto vuelo de la imaginación de nuestro venerado. El último jardín, más que jardín semeja un huerto, y un huerto es con mucho orden.

Manzanas vi de paso y por eso sé que hay manzanos, pero ya me urgía el asistente del señor obispo a pasar y vi esto apenas, y que el último monumento, delante mismo de palacio, a Su Majestad Católica estaba dedicado, pero no me pregunte vuestra merced a qué rey que no quiero mentiros. Tanta era la urgencia del asistente del obispo que pensé que Su Ilustrísima me esperaba con impaciencia, mas comprobé pronto que la prisa que se me daba era más un mal trato que prisa necesaria, pues tres horas esperé en una estancia que no era pequeña ni pobre y en la que me dio tiempo a ver los detalles de las pinturas de todas las paredes, que con ser muchos no eran lo bastante como para entretenerme yo durante tres horas. Así que tuve tiempo hasta de sentir un regomello por saber que pronto habría de encontrarme ante quien ya me había transmitido su mala gana de recibirme en la hostilidad de sus enviados. Al cabo de ese tiempo abrió con tal parsimonia la puerta el asistente que pensé que fuera a aparecer por ella el propio obispo, pero después de haberla abierto con detenida ceremonia, como si todo allí necesitara mucho tiempo, dijo escuetamente:

—Le espera Su Ilustrísima.

Y como me tomara tiempo para andar, tal cual parecían hacerse allí las cosas, semejó más severo de lo que parecía el asistente al ahuecar la voz e imponerle una molesta gravedad a sus palabras:

—Le espera Su Ilustrísima.

¿Cómo contar a vuestra merced que quedé sin respiración de tanta sorpresa y asombro al entrar en aquella sala, más amplia que algunos templos de fuste y desde luego mucho más que la de Su Eminencia en Roma, de tanto dorado en los frisos que la rodeaban y de tanta filigrana en sus columnas y escudos varios, y símbolos y ángeles y apariciones, todos arremolinándose hasta casi confundirse? ¿Cómo describirle, mi estimado amigo, aquellas paredes con tanto cuadro de prelados revestidos con mucho perifollo y entre ellos y en lugar muy principal un retrato verdadero de monseñor Lequerica, brillándole el báculo, y donde no había cuadro, espejos muy dorados en sus marcos y sobrándoles hojas y águilas imperiales, con una cabeza y con dos, y ángeles que los sostenían por acá y por allá? ¿Cómo contarle a vuestra merced cuántas eran las lámparas, todas prendidas como si yo mereciera tanta luz, mas no seguramente prendidas para acogerme a mí sino para dar relieve a Su Ilustrísima, y todas de cristal prestigioso, ya fuera de Viena o de La Granja o de Venecia? ¿Cómo describirle mi impresión, mi soledad, otra vez el miedo, solo allí, pues allí me dejó el asistente del señor obispo, cerró la puerta otra vez con parsimonia y casi una hora más tarde, ya entrado el mediodía, salió por una puerta lateral al sillón principal que presidía la sala y anunció la entrada del prelado? ¿Qué le diría a vuestra merced de monseñor Torrent? Es un hombre de mediana estatura y pelo blanco abundante; ni gordo ni delgado, más de lo primero que de lo segundo tenía; risa fácil y hasta diría que mundana, y ojos vivarachos, aunque un poco enrojecidos, como gastados del mal dormir, por los que se le escapaba la risa incluso cuando no quería reír. Seguro que le sucedería hasta en los funerales. Es suave el señor obispo en las maneras, más aprendidas que venidas de su casa, o al menos eso veo yo, que de maneras no se sabe en los conventos y he tenido que aprender a distinguirlas con los obispos. Que es poderoso se le ve al instante por lo seguro, y no quiero yo aventurar, pero le diré a vuestra merced que más pegado a la tierra que al cielo. No puso reparos al hablarme sino sonrisas, y después de entrar con paso muy corto, como si no quisiera llegar nunca a su sillón, se sentó con ceremonia y con la misma ceremonia y premeditada unción me tendió su anillo para que lo besara reverente. Después se relajó, desinteresado por su propia liturgia, y moviéndose mucho en el sillón, con guasa, me preguntó:

—¿Parece bien a vuestra paternidad venir a alterar la paz de los muertos?

—Yo, Ilustrísima... —Me encogí de hombros, sorprendido por su llaneza, su humor y su afabilidad.

—¿Sabe vuestra paternidad que aquí le tememos más a los frailes que a los piratas?

—¿Tanto han saqueado los frailes a Su Ilustrísima?

—Son expertos los frailes en distinguir la plata, fray Carlo. Y ahora mismo, en este trance, dígame vuestra paternidad: ¿a qué viene? —Siguió riendo. Y concluyó—: A saquearnos, fray Carlo, ¿o no es así?

Desconcertóme, y desvalido me sentí y sin fuerzas. Sin respuesta también. Y luego me vino el miedo al oír sus carcajadas fieras, súbitas, como de loco; la risa mansa transformándose, poco a poco, en risotada cruel; agigantándose como en un concierto de cuchillos cuyo eco resonaba en la cúpula. Sus ojos se dilataban espantosamente ante los míos, más rojos, casi fuego; vidrio en un horno parecían.

Gritándome, dijo:

—Tendrá ocasión vuestra paternidad de poner sus dedos en las llagas del venerado —de lo que deduje que aquí querrían representar a Lequerica con llagas en su imagen—; asir sus manos, verificar los rasgos y perfiles de su rostro, ver en la oscuridad la luz que mana de él, contar en Roma el olor de la muerte y de la gloria. —Recogía su manteo, parecía abrigarse en él, alzaba luego las manos sin ninguna armonía y quedaba el manteo a sus espaldas, todo sin ningún orden, perdiendo su compostura de príncipe—. Que no se entere el Rey nuestro señor —dijo casi a mi oído, bajando de un modo inesperado la voz— que vino un fraile aquí y que salió de aquí diciendo que el cuerpo venerado de monseñor Juan de Lequerica pertenece a un soldado, a un lego o a un muerto extraviado. —Volvió a reír—. ¿Verdad que no, fray qué...?

—Fray Carlo —le apunté.

—Fray demonio, ¿le gusta?

—No parece que gane con el cambio —le dije.

—Siempre lo mismo si de un fraile se trata, nunca quieren perder los frailes del demonio.

—Bueno... —La timidez me puso esa palabra de conformidad en los labios.

Tocó las palmas Su Ilustrísima con mucho brío y al pronto me escoltaban unos hombres fornidos, vestidos con sotanas de mucho desaliño y por eso mismo sin apariencia de clérigos; soldados disfrazados de curas parecían.

—Abridle la sagrada tumba —ordenó— cuando llegue la noche.

Quise besar el anillo de Su Ilustrísima, que irradiaba fulgores tanto por el sol que le llegaba traspasando un vitral como por la luz que a su lado mantenían unos maceros y que engrandecía la piedra tornándola un milagro, pero vi que se alejaba sin mirarme y di por cierto su abandono episcopal. Me condujeron hacia un sótano sin mediar palabra. No pude aclarar ni a Su Ilustrísima ni a los que me conducían que además de la tumba había de trabajar yo en los archivos. No hablaban mis acompañantes español y tampoco italiano, su lengua nativa debía de ser aquella en la que hablaban según pude saber por algunas palabras que farfullaron entre ellos. Debo reconocer que en cualquier caso preguntarles en latín como yo hice qué lengua hablaban no fue quizá lo más acertado por mi parte.

Más mazmorra que sótano semejaba aquel espacio y por eso pregunté si era yo prisionero, mas ni respondieron ni al parecer me escucharon. No se inmutaron y cerraron las verjas como quienes cumplen ceremoniosamente una obligación y lo quieren hacer con justeza. Luz no había allí, pues apenas se abría un hueco en lo alto de una pared, cruzado por barrotes de hierro. Por eso tuve noción de que caía la tarde cuando llegó una monja y sin abrir las verjas metió por sus huecos un plato con comida, sobra de olla parecía, y me dijo *pace e bene* como una contraseña, pero dejó el plato en mis manos y una copa con agua, y también fue sorda a mis preguntas sobre si aquello era o no un cautiverio. Por lo que alcancé a ver en la sombra, que era poco, me miró fijamente, y marchó después de un modo diestro, pero seguí oyendo extrañamente sus pasos un largo rato, como si desandara el camino de una galería y volviera a andarlo por penitencia o por capricho. No sabía si yo era un condenado ni a qué condena estaba expuesto y deduje por lo que Su Ilustrísima me había dicho que por un saqueador era tenido. Y deduje otra cosa: que para el señor obispo las cartas que yo traía de Roma o eran papel mojado u otra cosa peor, por el poco aprecio que de ellas hizo.

Me apliqué a la oración porque no hay nada que ponga antes a rezar a un fraile que el miedo, y el miedo nubla tanto la fe que no es seguro que yo rezara con devoción, aunque tampoco lo hice por distraerme. Lo peor fue la hora del sueño, o la que yo suponía que lo era del mucho cansancio que tenía sin que hubiera allí otra cosa que un poyete frío donde tender el cuerpo, y si me sobraba cansancio, tranquilidad me faltaba para dormir, y un desasosiego tan grande tenía, que pensaba que el infierno podía ser una cosa como aquélla y no la hoguera grande en la que el diablo tiene su reino. A veces en la vida tuve sueños que parecían éstos, de tanto temor como he sentido siempre por el Santo Oficio. Y no por hechos que pudieran condenarme, sino por esa tendencia que tengo siempre, mi dueño y estimado amigo, a dar cabida a Luzbel en mi cabeza y que me haga suponer él las cosas que supongo. De modo que abría los ojos por ver si en sueños me encontraba y al confirmarme allí tan prisionero llegué a pensar que toda aquella vejación fuera cosa del Santo Tribunal con el que el obispo tendría buena relación. Encomendé mi alma, con toda la devoción que el miedo podía permitirme, por si de pronto venían a buscarme, y más que la sepultura de Lequerica me abrían la propia sepultura y quedaba yo allí con peor suerte que el venerado.

Y es que de no ser vuestra merced, nadie se preocuparía por tratar de saber dónde me hallara. Y me tendrían además por condenado, que según se vea es un estado más tranquilo que el del que llega a la gloria. Al que se condena se le olvida y nadie busca en él virtud pasada, y de modo contrario, si se supone que merodea el Paraíso, sucede lo que a vuestra merced y a mí nos viene ocupando con denuedo: que miramos atrás, a los días que fueron los de la vida de Juan de Lequerica, y no hay manera de dejarlo en paz ni de perdonar sus faltas. Nada despierta más curiosidad por saber dónde estuvo el pecado de alguien que la envidia por su virtud. Sucede así que su muerte nos intranquiliza poco y su cadáver beatífico nos impele a buscar hacia atrás y a pasar por listos descubriendo debilidades donde otros ven perfección. Mas observe vuestra merced qué peligro corría yo de condenarme pensando en estas cosas, como si estuviera Luzbel acompañándome allí y seduciéndome al convencerme de cómo los condenados no corren el peligro de que se investiguen sus vidas con sus faltas. Y cierto es que parece un alivio que nos olviden.

De pronto, se encendió toda la estancia, venían con antorchas. Recordé la procesión de Vitria que me sorprendiera en los jardines del convento y acabara quebrándome los huesos con los palos de los devotos y tirando mi cuerpo en el estiércol hasta que al alba fuera encontrado por el lego que iba allí a tirar las heces. Acaso vieran la muerte reflejada esa noche en mis ojos, que ojos de muertos vieron los míos muchos como para no saber poner iguales ojos y engañarlos. Mas esta procesión era con clérigos de moradas esclavinas sobre albos roquetes, y dos de ellos, con dalmáticas de diáconos, portaban sus ciriales y entre ambos una cruz que brillaba en medio de una hilera de soldados que abrían paso para dar luz con sus hachas de fuego. Cuando tuve delante al arcediano vi que era él quien mandaba el cortejo y no debió de reconocer en mi cara de asombro o de temor pregunta alguna. Y si la vio es lo mismo; señaló con su mano de un modo poco amable, más bien debo decir que enérgico, el puesto que debía ocupar yo detrás de la cruz en el desfile.

Procedamus in pacem, dio la orden el arcediano, y aunque allí no había paz que invocar, pues de todos los ojos se desprendía una guerra soterrada, cubríme con la capucha del hábito, en sus bocamangas metí las manos, y bajé la cabeza con respeto. Sin otros ornamentos que mi pobre sayal. Sólo así pude incorporarme al rito de avanzar por los sótanos hacia un lugar incierto en medio de humedades, igual que quienes emprenden una peregrinación por debajo de la tierra, cada vez más abajo, más abajo, oliendo a algo que si era azufre es que hacia el infierno íbamos viajando. Acostumbrado ya a avanzar en medio del silencio, sobresaltáronme para bien los ruidos de los herrajes de una puerta. Aunque puerta pequeña, bien podría ser la del mismísimo infierno, mas tras pasar por ella y ver que era una puerta inserta en un retablo, agradeció mi ánimo el espacio grande de una iglesia, el olor familiar del incienso y la cera, el aire frío y limpio de sus naves. Aunque grandioso el templo se intuía, no pude levantar mi mirada que simulaba devoción, y bien sabe Dios que la curiosidad podía más en mí sin que el miedo me hubiera abandonado.

Vi de pronto lo que pudiera ser un túmulo, ya que a un lado y a otro se disponían cirios y en el centro una especie de lámpara votiva, pero el temor me vino de ver soldados circunspectos, alineados también como los cirios. Se entonó de pronto un réquiem rompiendo aquel silencio, si digo sepulcral no exagero esta vez. Y cuando al fin llegamos, vi que no era túmulo lo que había entrevisto; una tumba era lo que había. Y estaba abierta, y al mirar a la derecha de prudente forma vi el nombre de monseñor Juan de Lequerica sobre una losa que había sido desprendida posiblemente de aquella sepultura. Y recelé, como supondrá vuestra merced, de la fosa abierta.

Terminado el responso, se acercó a mí uno de aquellos clérigos y reconocí en él al acercarse al mismo beneficiado que en el viaje ayudaba al arcediano. Fue él el que, entregándome una vela, me dijo:

—Le ayudará esta luz y cuando se acabe han de bastarle a vuestra paternidad sus luces propias.

Puso tanta malicia en la voz como en la mirada y no habré visto en la vida un rostro más parecido al de Lucifer.

—Baje vuestra paternidad, baje —ordenó el arcediano quitándose el bonete; insistió en que bajara con premura.

Y vime bajando por unas escalerillas, al tiempo que comprobaba que la palabra de monseñor Torrent se cumplía en ese instante: bien llegada la noche se me dio entrada en la sepultura.

El miedo se presentó entonces en un olor a muerte que era un olor a cloaca o a una sucesión de humedades que de siglo en siglo se hubieran ido acumulando allí, desprendiendo el mal aliento de la tierra, una tierra indigesta de engullir cadáveres y podredumbres, una acidez antigua que no sabía si podría soportar, si yo resistiría. Y descendí más, y al tiempo que lo hacía, miraba desvalido sin que nadie me mirara, ni me diera instrucciones, ni me dijera dónde, por aquellos vericuetos de varias sepulturas, podía estar la que buscaba ahora. Mas habiendo creído que era el miedo más grande el que ya había sentido, comprobé de súbito que había otro mayor, el que se engendraba en mí en aquel instante y me hacía tiritar por una razón que pronto comprenderéis: oí el golpe del mármol, el cierre de la tumba a mis espaldas, y vino a mis mientes la idea de que había sido condenado a morir en aquel laberinto, sin más luz que la que me diera, en lo que durara, la vela que me entregó el beneficiado. Y eso si no se precipitaba la desgracia de que dejara de alumbrar por el aire de un respiro mío, que no había otro aire.

Habrá llegado a la conclusión de que si ahora le escribo a vuestra merced es que ni pudo conmigo el hedor ni la oscuridad y ni siquiera el hambre. Y no sé si fue Dios el que me trajo un sueño, que debió de ser como el de la muerte, aunque no definitivo, como se ve, o si fue el diablo el que se compadeció de mí e hizo que me desmayara antes de que la vela se apagara y aquella oscuridad tan absoluta me condujera a la desesperación, como creo que le pasó a fray Luis de Granada cuando lo enterraron vivo.

Sentí el ruido de la carreta al volver en mí y me vino a los ojos la luz diáfana de la isla, así que no es extraño que pensara al despertarme que me hallaba aún en ruta con el arcediano y su ayudante y que había soñado. Mas comprendí en seguida que la carreta desandaba el camino y seguramente me llevaría al puerto para que embarcara yo con mi fracaso y la vergüenza de contar a Su Eminencia lo ocurrido sin ninguna garantía de ser creído por Su Eminencia. Hice alguna pregunta al carretero por si sabía él qué había pasado, y éste, que era locuaz, dijo que por lo que oyó fui resistente a la muerte y que, puesto que se me acusaba de haber profanado la tumba del venerado, hubieron de ocultarme de las iras de los devotos y me plantaron en carreta y en camino de vuelta hacia mi casa. Mas, dijo poniendo voz de sigilo, que ya había cumplido un encargo conmigo. Le pregunté qué encargo y de parte de quién y respondió que de un caballero que lo recompensó debidamente para que lo cumpliera, y ante mi insistencia por conocer la identidad del caballero, respondió que también le pagaron por callar y que él callaba. Reconocí en sus manos el saco con mis pertenencias y agradecí la cristiana caridad de los clérigos al devolvérmelo, pero el carretero metió la mano en él y me señaló un pequeño manuscrito que el innominado caballero le había entregado y que fui leyendo con la misma e inolvidable luz de la isla, a medida que escapaba de ella y reconocía sus frondosos pinares descendiendo por las laderas hasta meterse en el mar. Antes de que cayera en el nuevo sopor que me trajeron los tumbos de la nave, conseguí leer el nombre del autor de lo que más que verdades parecían diabluras. Eduardo Manresa se llamaba y a lo mejor así quiso el diablo viajar también conmigo en el retorno.

III

—

FRANCISCO DE PARDELLAS Y MOREIRAS ACONSEJA A BIZZARRI QUE DESISTA DE VERIFICAR DÓNDE SE HALLA EL CADÁVER VERDADERO DE MONSEÑOR LEQUERICA

No sabía yo si había acabado por leer bien aquellos papeles a los que mi tío puso en tanta estima, de lo poco que alcanzaba a entender el mucho interés que había puesto él en la historia de un obispo y fraile que ni le iba ni le venía. Un obispo con el que ni coincidió en el tiempo, ni era un antepasado suyo, ni mío, por supuesto. Era para colmo él un descreído al que no cabía atribuirle devoción alguna. Pero si por tener un santo en nuestra casa se hubiera empeñado en tales averiguaciones, acaso tendría yo que admirar y agradecer su empeño, pues buena credencial sería contar con un pariente en los altares y de haberlo logrado él con su obstinada recopilación de datos habría de agradecerle que me dejara al menos un santo como herencia. Mas si poco me explicaba su negocio en esto, menos que fueran a parar a sus manos las cartas, descripciones y alegatos de fray Carlo Bizzarri con Pardellas y Moreiras. Si el tal Pardellas parecía, éste sí y no sé por qué, del mismo tiempo que mi tío —y habiendo entrado en relación con Bizzarri, del mismo tiempo debían de ser—, me confundía que estuvieran allí sus propios escritos y los que a Pardellas dirigía el fraile a Salamanca, como si de escritos viejos se tratara, que no lo eran por las fechas, y por mi tío hubieran sido comprados.

Que hubiera hecho gran gasto en eso me sublevaba, pero tanto me entretenían las ocurrencias del erudito, y del fraile a su vez por desventurado, que los leía y leía y pareciéndome poco cuerdos los dos, daba por bien comprados los papeles. Me pregunté por qué poseería mi tío los unos y los otros, es decir, los documentos que Bizzarri le mandaba a Pardellas y los que Pardellas le enviaba a Bizzarri, pero de pronto se me ocurrió que los dos fueran amigos de mi tío y lo obsequiaran con esto para ponerlo al tanto. No tuve mi ocurrencia tan simplona por definitiva, y tal vez para explicarme ante los libros, dije en voz alta con mucha cautela que toda ocurrencia debe ser provisional, tratando quizá de evitar así el riesgo de las risas en los papeles. No me esperaba que revelaran su asentimiento. Y cuál no sería mi sorpresa al ver, ignoro si por el hecho de que yo abriera las ventanas para que les diera un poco el aire, que por las páginas donde Pardellas contesta al fraile, poniendo las cosas en su sitio y dejando a los cadáveres en paz, precisamente ahí, empezaban las hojas a agitarse. Esta vez no de preocupación porque albergara yo la idea de darles fuego, sino con la alegría de que empezara a meter las narices en la vida de monseñor Juan de Lequerica, o al menos en la investigación sobre dónde pudiera hallarse el cadáver perdido, igual que lo hiciera mi tío y con crecida afición. Y es esa contestación de Pardellas al fraile, cuando desde Santa María del Viento le escribió Bizzarri, la que estaba escrita en las hojas por las que tanto se alegraban los papeles y la que esta vez quiero que vuestras mercedes lean conmigo.

Francisco de Pardellas y Moreiras a fray Carlo Bizzarri, 4 de agosto de 1732

Razones hay, y muy sobradas, para que tanto Vitria como Santa María del Viento digan que los suyos son los verdaderos restos mortales del legendario monseñor Lequerica y no los del contrario. No comprendo la preocupación de vuestra paternidad por saber, y veo que seguís sin acertar en eso, de parte de quién está la verdad. La verdad no se deshonra por estar en todas partes y haríamos muy mal en ponerla sólo de un lado. Unos dicen tener los huesos del fraile venerado, y dicen bien, y dicen los otros lo mismo, y tampoco mienten. Así que no me parece extraño que se irriten con sus indagaciones si aprecian que éstas se deben al impulso de la desconfianza. Comprenda vuestra paternidad que, canónigos y frailes aparte, ellos allá con sus inquinas, no hablan los fieles sólo desde el orgullo de pueblo o desde el orgullo propio y muy particular y tan sólo por defender a ultranza, y sin más ni más, la legitimidad de su posesión. Lo hacen en el nombre de sus padres y de sus abuelos y la memoria de éstos les exige que no los dejen por hombres de poca palabra. Desmentir a sus ancestros es tanto como acabarles con la honra, y la honra de los muertos, a quienes no les cabe defensa, es más sagrada para ellos que la honra de los vivos. Y más si los muertos son los suyos, claro está, y ajenos los vivos. Así que no me extraña que olvidaran el respeto que sus hábitos pardos merecen cuando fue vuestra paternidad la vez pasada a Vitria o ahora a Santa María del Viento, y más por tradición en aquellas tierras que fundaran o ayudaran a fundar los mismos franciscanos, ni que enviaran al fuego sus credenciales de enviado de la sede papal. Lamento que en Vitria saliera apaleada vuestra paternidad y con heridas en su cuerpo, y por donde no había heridas, como en las nalgas, grandes moratones, o que haya corrido el riesgo de quedar sepultado en vida en la misma Santa María del Viento. Tampoco que del rechazo de aquellos fieles y de un prelado, con tanta contundencia como no cree merecer, le vengan ahora estos quebrantos, aunque no los quiera, para cumplir con su misión de abogado del diablo en la causa de beatificación de monseñor Juan de Lequerica. Tenga en cuenta vuestra paternidad que poca falta sienten los nativos de que les confirmen que es santo aquel al que por santo tienen ellos ya desde hace unos siglos y aun estando en vida el santo. Cualquier gloria es siempre bien venida y la de la Santa Iglesia la aceptarán como otro reconocimiento más, tanto en Santa María como en Vitria, pues a un solo santo se le da el mérito, y no a dos, aunque fueran dos los cuerpos que tuviera el santo, que como vuestra paternidad y yo sabemos no es el caso. Aunque no por tener dos cuerpos se es menos santo, si es que vuestra paternidad como maestro en la materia no me contradice, y acaso sea ésta una peculiaridad para la iconografía del venerado. A san Sebastián lo han caracterizado muy bien las saetas y las desnudeces, aunque sólo fuera para que nadie lo pudiera confundir en el paso del tiempo con san Pedro Mártir, y a éste la cabeza medio partida para que nadie lo equivocara con santo Tomás, que también era dominico, por poner dos ejemplos. Si tiene la Iglesia que hacer imágenes y representaciones del beato Lequerica y sólo muestra a un obispo, lo mismo lo confunden con san Agustín que con san Nicolás o con san Ubaldo que con san Blas o san Eugenio. Ya sabe, mi estimado amigo, que de obispos están llenos los cielos y los altares porque han sido y son muchas sus influencias y desde muy antiguo. Fíjese vuestra paternidad cómo nadie confunde a san Bartolomé... Se debe, sin duda, a que lleva la piel a tiras. Pues bien: cuánta ventaja habría en que el santo Lequerica fuera representado con dos cabezas, pues nada mejor para que se acuerden de uno y obtener notoriedad que ser tan distinto a los otros. Le ofrezco esta idea, y conociéndole como es mi gusto conocerle, veo a vuestra paternidad frotándose las manos, ya que hace siempre lo mismo cuando algo le trae gusto, dando gracias a Dios por habernos concedido un santo bicéfalo. Los pocos católicos bicéfalos que en el mundo haya reconocerán en él a su santo patrono, mas debo admitir que el beneficio de este reconocimiento será siempre escaso por lo escasa que es la comunidad de bicéfalos. Es verdad que los pocos que son se sentirán aliviados en su carga y no es la caridad el menos válido de los pretextos para declarar un patronazgo. Mas por escasos, precisamente por eso, sus peregrinaciones no llenarán las arcas de los santuarios. No será el cuidado de los bicéfalos católicos lo que hará más enriquecedora esta representación en el santoral. Vuestra paternidad sabe que la Iglesia como maestra ha cuidado siempre de mostrar ejemplos que encarnen ideas en la imaginería y hasta en láminas aleccionadoras a las que no ha faltado nunca la belleza. Resultarían más inconvenientes de explicar esas ideas sin figuras. Para ejemplo de dificultad está el misterio de la Trinidad y ya ve cómo se ha resuelto.

No es mi oficio, fray Carlo, la teología sino la historia, mas si lo fuera aquélla ya estaría yo pensando en explicar con apoyo lo que estuviera a mi alcance sobre la cabeza buena y la cabeza mala, tan maniqueos como son los frailes y no sé si las Sagradas Escrituras. O una cabeza para el mundo y otra cabeza para el cielo. O la cabeza donde se impone el demonio y la cabeza donde habitan los ángeles, que de eso sabe mucho vuestra paternidad y tiene la cabeza bastante poblada, de ángeles digo y no de pájaros. Siempre hay ejemplos para hablar de la mala cabeza y de la buena, fray Carlo. ¿Por qué no iba a ser éste nuestro nuevo beato un ejemplo de la necesidad de dos cabezas si cuantas más cabezas mejor? Por lo demás, véase el caso de san Cosme y san Damián, y cómo a veces dos parecen uno, que no hay manera de que a estos pobres los honren por separado o los hagan protectores de causas distintas. Lo mismo les sucede a san Justo y Pastor. O, por no ir más lejos, recordemos lo de santa Justa y Rufina en Sevilla, que hasta parece que Rufina es la perjudicada, siempre la segunda. O san Isidoro y san Leandro, que tuvo tanto brillo el primero que siempre hacen de menos al segundo.

Me gusta que los santos se presten a una metáfora, fray Carlo. Mas ni los habitantes de Santa María del Viento ni los de Vitria están por las metáforas, ni saben de ellas, así que seguirán representando a su santo como lo representan, que es más o menos igual: en

Vitria con una basílica en la mano, que para eso la fundó y es de fundadores portar una casa, y con una nave en Santa María, porque en una nave llegó allí, aunque sus habitantes implicaran después a los ángeles en una lucha incierta con gaviotas perniciosas por mor de que llegara el obispo adonde las gaviotas lo impedían, añadiéndole dificultad a la empresa. Tampoco una gaviota parecería mal símbolo y posada en el hombro no sería para el santo de mucha molestia. Este pleito de pueblos, sin embargo, no puede afectar a la gloria verdadera con la que Lequerica soñara, ni la Iglesia Universal podrá permitirse negar el altar a un hijo que tanto lo merece sólo porque sus restos reposen en uno o en otro lado, si santos son los dos lugares. Ni por el hecho, tampoco descabellado, de que no reposara en ninguno de ellos. Antes de que esto ocurriera obraría bien vuestra paternidad si hiciera de un santo dos y llamara a uno san Juan de Vitria y al otro san Lequerica de los Vientos. Al fin y a la postre, es lo que sucede de hecho, porque en uno y en otro lugar lo tienen por santo y como tal lo veneran y en uno y otro sitio se llama como las villas se llaman. No hay tanto disparate en reconocer por separado la santidad del que vivió en un lugar y allí obró sus milagros e hizo su obra y la del que vivió en el otro sin que hiciera menos milagros y menos obras. Con menos obras y menos milagros que él, o que ellos, según lo veamos, si me pusiera yo a contar a vuestra paternidad, alcanzaron muchos con mayor prontitud la gloria de los altares y la alcanzarán con prontitud por los siglos de los siglos.

Bien sé que no basta con obras y milagros y que luego está el expediente de la virtud, pero es bien sabido, y aunque no sea yo hombre de virtudes puedo decirlo, y tal vez más por ello, que la virtud se mide con vara más difícil que los milagros y nunca sabe uno lo que de verdad hubo en el pensamiento del hombre, aunque se quisiera siempre que fuera cosa buena. Y aun queriendo esto, qué difícil es saber qué era aquello que por bueno se tenía, pues de vuestra paternidad para mí os diré que si los escritos de los que habla vuestra paternidad, sin que hasta ahora me sea dado reconocerlos, no son invención del tal Manresa, un estudioso de Santa María del Viento con intereses de difamación, y son veraces —no sólo un bello escrito con miras a la diversión del ánimo desde luego, sino un documento para que sepa la verdad quien quiera—, más de una vez advertirá en el beato Lequerica los peligros de la tentación y no sé si la falta, que averiguarlo es cosa de confesores, y a la sensata observación de sus superiores debe todo encomendarse. Confesor es vuestra paternidad y no yo, fray Carlo, y para colmo confesor italiano, que son los italianos confesores que entienden de otras exquisiteces del espíritu que los confesores españoles se guardan mucho de entender.

Pero yo trabajo con los hechos y me divierto con

ellos, y con el tiempo les pido pocas exactitudes, que si me hubiera dado yo a las exactitudes, aunque desconfío de que alguien las consiga, trabajaría yo a estas horas con la ciencia y no con la mirada de los hombres. Los estudiosos del pasado trabajamos con la mirada de los hombres y elegimos la que más nos gusta: nuestra tarea es una tarea de elección. Los postuladores de la causa de los santos y más el promotor de la fe o abogado del diablo en esas causas, ya sea para buscar los obstáculos o para defender los méritos, también trabajan con las miradas, pero a veces para modificarlas a su conveniencia, como hacen los jueces en lo terreno. Lo que constituye, quizá, un trabajo de restauración. No veo en ello ningún mal, como sabe vuestra paternidad y tantas veces le he dicho, siempre que se haga con talento, y el talento no excluye nunca el disparate. Así que no hay lugar para que advierta en mí reproche alguno.

No sé por dónde andará ahora en su peripecia hurgadora en la vida de monseñor, después de los traspiés del viaje a Santa María del Viento, que más que querer llevarlo a los altares bien parece que quiera demostrar que no lo merece, aunque su ingrato papel sea el de los obstáculos. Si para ello ha de servirle el relato que me dice haber encontrado, sepa antes que puede ser obra de un fingidor y que el fingidor muchas veces tiene la mirada del mentiroso. Narrar los hechos no siempre es un acto de justicia y hacer de un hombre un santo tampoco es siempre, o al menos no lo ha sido, una mudanza verdadera de la realidad. Sea en todo caso de las conductas del siervo de Dios que se desprendan de las propias investigaciones de vuestra paternidad, de donde tenga a bien extraer las conclusiones y no embarullarse más en el pleito de dos pueblos por el cadáver verdadero de fray Juan de Lequerica. De los materiales en los que yo he investigado sabe muy bien que sólo se desprende que todo es posible. O sea: que es tan verdadero el cadáver que en Vitria está enterrado como el que está enterrado en Santa María, aunque en un sitio lo haya visto vuestra paternidad y en el otro, no. Y si un día yo diera por cierto que lo es más el uno que el otro, encontraría el premio a mi trabajo y la jactancia y la vanidad que me son necesarias para sobrevivir. Y la desventaja sería pequeña en relación con la ventaja, pues no poder volver a Vitria o a Santa María, según sea el lugar donde se halle a mi parecer lo verdadero, y aun ser tenido por persona no grata en uno de los dos lugares, donde estuviera lo falso, me traería al fin alguna ventaja: la del reconocimiento en el otro, donde hallara —¡ay de mí!— lo verdadero. Y entre quienes me conocen y dudan de mi buen juicio, y no voy a quitarles yo la razón, que poco me importan estas reputaciones, tendría el juicio por recuperado. Pero para vuestra paternidad y para la Iglesia no veo ventaja alguna en que las cosas sean distintas a como son ahora, ya que, de hallar las razones verdaderas que le lleven a reconocer como legítimo uno de los cadáveres, no le permitiría hacer posible la paz entre esos pueblos y, muy al contrario, renacería la guerra en ellos aunque obtuviera el halago de una de las partes. Ellos conservan bien la memoria de las luchas de sus propios antepasados por conseguir el cuerpo venerado y saben bien que las contiendas y agarradas cesaron cuando las dos partes quedaron convencidas de poseerlo, desdeñando a la contrincante. No otra cosa que luchas nuevas y nuevas sangres podría conseguir en su empeño de aventajarme a mí en la averiguación, pues talento no le falta para ello.

Pero nada se sabe en esta historia, fray Carlo, si fue lo que fue. Así que va a trabajar en una nebulosa siempre, y esto, según se vea, es un inconveniente para un historiador, aunque a mí me plazca la niebla. Crea que es como un reto que las cosas, primero, no sean lo que parecen, aunque después, al fin, tampoco sean otra cosa distinta.

Sé que en lo que digo vuestra paternidad halla poco rigor y a pesar de todo me escucha atento cuando tengo el honor de ser escuchado. Bien es verdad que me despide con la sonrisa inquieta que los cuerdos ponen ante los locos. En el último correo habla con retintín de mi imaginación, y aunque veo que la admira, y buena prueba de ello me da al consultarme, bien pudiera desconfiar de ella y veo que desconfía. Yo, como le estimo, mi dueño y amigo, sé que hago una buena obra al aconsejarle que no sienta miedo de la imaginación porque ésta pertenece al ámbito del sueño, o se lleva bien con él, y por el sueño he ido yo a verdades que no he encontrado luego en los archivos. De todos modos, me extiendo en lo que no me pide y hasta parece ahora que guardo silencio en lo que me solicita. Me preguntaba mi parecer sobre la vida del siervo de Dios, y aunque tengo yo mis reparos por si sirvieran mis juicios para quitar a alguien la santidad que pudiera merecer, o que podría ganarse de no contar a vuestra paternidad lo que pienso, y de paso librarle de algunos miedos, intuyo que quizá lo haga por mor de poner a la Iglesia de acuerdo con los estudiosos, y a este respecto debo decirle que tenga en cuenta que los estudiosos están para explicarse las cosas y explicarlas si ha lugar y en cambio la Iglesia debe entendérselas con lo inexplicable. Claro que bien pudiera parecer en esto que soy yo como la Iglesia, que gusta del misterio, y vuestra paternidad, como el erudito que huye de él. Se desprendería de tal equívoco que andan entre nosotros los papeles cambiados sin que de ello deba enterarse Su Eminencia. Bien es verdad que nunca me preocupó, y quién sabe si en ello me ha ido mi prestigio, perder los papeles.

De vuestra paternidad de corazón amigo y fiel servidor.

PARDELLAS Y MOREIRAS

IV

DOCUMENTO ENTREGADO MISTERIOSAMENTE A FRAY CARLO BIZZARRI DONDE SE CUENTA LA VIDA, OBRAS, MILAGROS Y DEBILIDADES DE MONSEÑOR LEQUERICA

De piedra debió de quedarse el fraile Bizzarri al leer aquella misiva de tanta cordura que le escribiera Pardellas. Mas de lo que no se sabía mucho, aunque en eso investigara Pardellas, es de cómo había vivido ciertamente el venerable Lequerica. Y ahora puedo dar fe yo, tras mucho hurgar en los papeles, de que fue estrafalario, ambicioso, hedonista, milagrero y algo soberbio. Y para saberlo nada mejor que descubrir, entre los legajos que mi tío guardara, también aquel del que el fraile contara a Pardellas y Pardellas comentara al fraile, y que, no se sabe si por mano del demonio, le metió el carretero en el saco a fray Carlo Bizzarri. Pero aunque le dijera Pardellas en su carta que desconocía esos escritos, en algún momento debió de mandárselos el fraile a mi tío, porque los encontré yo en orden, con un vacío en medio, seguido de donde estaba la carta de Pardellas que hemos visto hace nada. Llámase el estudioso Eduardo Manresa, como el fraile indica. Y no sé por qué pone mi tío al margen del escrito una breve anotación en la que se lee «tonto y parlanchín», como si hubiera en mi tío mucha manía al tal Manresa o una inexplicable devoción por Lequerica. Tal vez por eso se me resistían esos papeles, ingratos al tacto, con más polvo, y hasta diría que con algo del olor que fray Carlo Bizzarri detectó en la tumba de Santa María del Viento cuando lo metieron en ella, porque hedía la humedad y un sudor cremoso y pestilente venía del papel a la mano.

Fuera lo que fuere, de la carta anterior del erudito Pardellas se desprende desconfianza por si el cronicón de Manresa es otra manera de las que tiene el diablo para instalarse en los archivos, y debió de contagiar a mi tío de esa desconfianza, incomprensible en alguien como él, que si era descreído para lo de Dios, también habría de serlo para el diablo. En cualquier caso, lean vuestras mercedes conmigo qué cosas llegó a escribir el tal Manresa sobre el obispo venerado.

Vida, obra y milagros del ilustrísimo y reverendísimo fray Juan de Lequerica

No es lícito dar por bueno que sea Ventiscas la villa donde vino al mundo monseñor Juan de Lequerica y que para alcanzar esa certeza baste el acta de bautismo ante la que ahora encienden las velas los devotos en la iglesia parroquial de tal lugar a su supuesto paisano; hácenlo tan sólo por darse un lustre que no les pertenece. Ni es tampoco su casa natal la que por su casa se reconoce: el palacio de los señores de Jundía. Con la poca seguridad que a mi edad conservo, lo doy por nacido yo en Tarifa, y en cuadra más que en casa, en la vecindad de un porquero llamado Alonso. En cualquier caso, tratar de confirmarlo en los registros no es posible y a los efectos de su veneración será conveniente darlo por bien nacido allí donde quieran, ya que una noche los registros de Tarifa acabaron en el fuego y bien sabe Dios que no por voluntad divina.

Mas indagué yo en los papeles de administración de la casa del señorío para saber de la razón de una donación en finca y algo de agua que se dio a María Calasparra, la vecina de Tarifa a la que se conocieron amores furtivos por más de cien e innumerables signos de preñez. No se supo en algunos casos buscar el origen a esos signos y en otros sí se supo. Se supo de una de sus crías, que la tuvo, porque no siempre llegó a tenerlas, y esta vez con la ayuda de la casa de Jundía. Le pusieron Ignacio, por primogénito y único de don Ignacio de Lequerica, y además le dieron el nombre de Patricio por haber nacido un 17 de marzo, y el de Baltasar, por un primo hechicero que en Mallorca tenía el señor y que en la carta astral del neófito lo vio encumbrado en glorias impredecibles. María Calasparra —buena hembra, inmensa por los pechos y muy encogida por la cintura, de nalgas bien nutridas y hermosas piernas para sostenerlas, toda ella como si la hubiera esculpido el mismo diablo para pecar con gusto— contempló, mientras servía a los señores, el crecimiento de su vástago con el desconsuelo de la desposeída, aunque tuviera en más estima sus carnes que sus hijos. Las criaturas le sobraban y las ocasiones de preñez también, y al fin y al cabo y en el caso de este niño había sido recompensada de un modo que tenía por justo. Ella, conocida por lujuriosa y usurera, nunca una cosa sin la otra, que a todo le sacaba beneficio y a su cuerpo mucho, no se conformó con conseguir buenos ducados con los granos sino que se hizo de hijos hasta el número de diecisiete. Cuando nació el decimoséptimo, fue el momento en que el señor se permitió despedirla. Y no de buenos modos, aunque quedóse, como es natural, con Ignacito. Se dijo entonces que no se acabó la paciencia de don Ignacio de Lequerica por mor de la abundancia de aquellos zagales que empezaban a no caber en la cocina y que por los pucheros se enredaban en trapacerías cambiando las chacinas de lugar y mezclando unos granos con otros, haciéndose amigos de los ratones para que los roedores incordiaran donde no podían ellos. Mas con todo, no fue eso lo que llevó al señor de Jundía una madrugada, sin importarle el cierzo, a hacer andar a

María a su casa de Tarifa sin retorno. Dicen que María Calasparra se había tomado la libertad de que su último retoño fuera de otro y no concedió esa merced, como las dieciséis anteriores, al preñón de don Ignacio.

Mientras esto ocurría, Ignacito, nuestro venerable, crecía en el regazo de doña Rosa de Lozoya y Peñagrande, su madre adoptiva, mas su madre, con las debilidades del mimo y caprichoso de perfumes. El olfato se le había desarrollado en los ungüentos de doña Rosa con los que trajinaba. Pasaba horas metido en el agua con gritillos que el aire llevaba hasta las gañanías, y no faltaba allí el aire, con lo que a veces pasaba de las gañanías y podía despertar en África a los mismísimos moros, aventuran algunos, alterados por lo que percibían como gritillos de hembra. Los gritillos parecieron una enfermedad y no un capricho a los que trasegaban con el ganado o estaban metidos en las siembras.

A nadie le extrañó, pues, que cuando doña Rosa hizo venir de Tarifa al pintor Diego de Villalta para que retratara a la criatura, el pintor preguntara por la niña y no por el niño, y aun cuando tímidamente doña Rosa le aclarara, sin ofensa por el equívoco, que un niño era, se empeñara el pintor, que desahogaba sus resentimientos de servidor en la caricatura de los nobles, en pintar una niña. Tantos eran los miriñaques que se le veían y una faldilla donde tenía que haber pantaloncillo, y tantos los rizos y bucles con que se adornaba, que una niña fue la retratada y no Ignacito de Lequerica.

«Es tal cual», le dijo el pintor a don Ignacio al ver la cara de asco que puso el padre de la criatura antes de pagarle el cuadro. Y aunque don Ignacio era de buen pagar, tan sólo por el disgusto que recibió con el retrato le regateó el precio. Lo cierto es que el pintor no hizo otra cosa que copiar la vestimenta con que la madre vestía al inocente. Mas en la cara, no: en la cara puso el pintor de su parte y se la hizo más de virgen que de infante y tan lánguida que la criatura parecía desvanecerse. Así que esta suerte le venía acompañando en los retratos a Lequerica desde la cuna. Desvanecerse se desvanecía, al parecer, dibujando vírgenes y soles, y fue tenido por artista muy precoz por estas manías también precoces. Mas, con todo, lo peor no era eso: cantaba a todas horas, y no cantaba mal, mas cantaba también a las horas importunas que no eran del gusto de don Ignacio de Lequerica. Para colmar los males de su padre, arrebatado de sí mismo, escribía poemas a su propio cuerpo que tenían la gracia de los versos de san Juan, y que don Ignacio, que jamás había leído a san Juan ni pensaba hacerlo, hubiera querido inspirados por las doncellas.

Todo tiene su razón, aunque a veces no hay nada más difícil de probar que las razones, porque doña

Rosa no abandonó su marquesado de Segovia y casó con don Ignacio tan sólo porque el buen mozo que era el señor de Jundía la compensara de dejar su casa atrás y sus posesiones. Dicen que no era de las que al ver a un hombre se le fuera el juicio y se diera a imaginar con él placeres que cuentan que imaginan las mozas en el secreto de las alcobas. A doña Rosa le bastaba con ser madre y al señor de Jundía con que le diera hijos y fuera la señora de la casa. Mas para ser madre, como no ignoran los que tienen hijos, y tampoco los que carecen de ellos, hay que abrirse de piernas sin recato y doña Rosa era terca en su costumbre de mantener juntas las piernas y los muslos cerrados por cosas de un miedo ancestral que asociaba a las noches de tormenta. Don Ignacio, que había aprendido en la milicia a cultivar la hombría de los modos más rudos, no quiso desatender el cuidado que su casa puso en su educación y que lo hacía hombre de paciencia cuando ésta resultara precisa. Mas no pensó nunca que a la hembra le faltara el instinto y que fuera necesario explicarle lo que es tan natural como un fuego que se pone a arder y cuyos efectos se conocen cuando se está al calor de las brasas. Le faltaban palabras para explicar a su esposa lo que no hay que explicar ni a las meretrices ni a las barraganas, y en caso de tener que hacerlo, se decía, se llama al pan por pan y por vino al vino. Y no era éste el caso. A doña Rosa había que entrarle con metáforas y remilgos y si no era don Ignacio muy experto en adornar la lengua para decir lo que hay que decir sin que parezca que se ha dicho, tampoco conocía doña Rosa otro lenguaje adornado que el de las oraciones. Así que cuando iban a la cama oraba ella y se tocaba él por donde se reconoce a los machos, sin compostura alguna, zafio como animal. Ella oraba más al presentirlo porque rechazaba mirarlo en una acción tan impropia. Un día llegó en el que no la dejó postrarse en su reclinatorio sino que la tendió a duras penas en un catre y le rompió el refajo y tanto se lo rompió que se sintió ella rota por dentro y, aunque mujer de recato y de finuras, el dolor le hizo perder la cabeza y supieron todos lo que pasaba, por los gritos primero, y porque hubo de ser asistida con fomentos, más tarde. Los que la asistieron lo contaron porque lo vieron y porque gruñía don Ignacio y lo contaba también.

De aquella fornicación no hubo fruto y la dieron por estéril, además de frígida, y hubo de consentir en que otra por ella le diera los hijos a don Ignacio, le alegrara la vida y a ella misma le otorgara el consuelo de la maternidad. Envidió a María Calasparra por verle el vientre hinchado como hubiera querido ella el suyo, mas la compadecía para sus adentros por imaginarla dando cobijo a aquella extremidad del señor de Jundía, cuya abundancia sintió dentro de sí doña Rosa como un cuchillo de fuego que no había dejado de arderle, y aunque nadie le pidió a María confesión, los que la vieron venir de holgarse con el señor contaban que ganaba su rostro en hermosura y traía en las piernas otro brío. No la envidió doña Rosa por hermosa, y lo era mucho la tarifeña como queda dicho —los ojos le brillaban en su azabache y tan grandes eran que se reflejaba en ellos el mundo—, y cuanto más crecida tenía ésta la barriga, más estampas de santos ponía la señora sobre el vientre de María para que no se malograra la criatura y para que tuviera el mismo sexo de mujer que ella deseaba.

Don Ignacio no quiso nunca a su hijo. Le escatimó el afecto, sin ningún disimulo, y todo, según cuentan quienes devoción le tienen, por los dones artísticos que destacaban a la criatura. Bien es verdad que don Ignacio jamás se consintió fingir, porque era hombre de gran rudeza y pocos recovecos, y todo lo exageraba con la aspereza de su carácter castrense. Resoluto como era, tomó una decisión, solía tomar sus decisiones una por una, y la decisión que tomó fue alejar al chico del hogar metiéndolo en la carrera de las armas. De don Ignacio cuentan todos que no era hombre que tampoco cejara en sus empeños y ni los lloros de su primogénito ni las misteriosas predicciones de su esposa estéril, y mucho menos los avisos que los naipes le revelaban al primo Baltasar, le permitieron concebir la idea de que la mano del ejército no endureciera el cuerpo frágil y las maneras delicadas de su vástago.

La madre María de los Ángeles de la Encarnación —Ángela Bazán en el mundo— cuenta en su *Vida devota*, con su mucho fervor, que los excesos de baño no eran otra cosa que las primeras apariciones de la Virgen de Regla al pequeño Lequerica, y que lo que de finos modales describe Walls, no sin malas intenciones y para hacer creer que ya de pequeño era medio niño, medio niña, lo toma la reverenda por angélicas ensoñaciones. Y más dice la monja: habla del perfume divino que embriagaba a su madre, *llamada Rosa por designio divino*, sin que para nada en *Vida devota* se hable de su madre auténtica, María Calasparra, que dio a luz al santito, aspecto este otro eludido siempre, al objeto de no proponer la veneración de un hijo de barragana. Fray Benjamín Berástegui menciona en su *Libro del convento* el perfume divino que emanaba de su maestro de novicios fray Juan de Lequerica: «Un perfume —dice el religioso— que embriagó a su madre desde el nacimiento del virtuoso, y que a su padre, pecador tan tenaz como soberbio, llenó de furias por quererlo para la milicia y el pecado.»

Me he preguntado siempre por esta relación que fray Benjamín establece entre milicia y pecado y la atribuyo a los muchos juegos con la carne en los que vio envilecerse a los soldados con los que viajó para evangelizar tierras de paganos. Mas si del perfume hablamos, habrá que contraponer de nuevo a Martín Walls, que aunque lo conoció ya cuando era obispo, y fue entonces cuando lo reclamó Lequerica, porque lo encontrara con méritos para el matrimonio con su sobrina, la única hija que tuvo su hermana Lucrecia con muchos esfuerzos y plegarias, argumenta que se hacía traer de Francia, otorgándoles un divino origen, mejunjes que en Europa usaban las mujeres.

A Martín Walls me he referido y nadie sabe hasta ahora en este escrito quién era Martín Walls, o apenas se sabe lo que acabo de decir, marido de una sobrina que tuvo Lequerica, y es menester precisar que si cuando don Ignacio de Lequerica decidió por su cuenta, pues todo lo hacía por su cuenta y sin santiguarse antes, que María Calasparra tomara el camino de Tarifa sin retorno, y después hiciera con los vástagos de su propia sangre un poco lo que se hace con las crías de los gatos, desparramarlos a su suerte y que buscaran comida o se murieran, no hubiera tomado de la mano y para sí a una de las crías, que ya estaba bautizada, y María Calasparra sabría con qué nombre, aunque don Ignacio por desconocerlo llamó Lucrecia, no estaríamos hablando ahora de Martín Walls, pues ni siquiera hubiera tenido hermana Lequerica, que fue una de esas crías que cuento, ni ésta una hija que casar ni la hubiera casado con Martín Walls. Mas habrá que añadir en seguida para el buen conocimiento, y sin entretenernos más de lo debido en los miembros de la casa, que fue la propia Lucrecia, la hermana de Lequerica, la que un día se pasó en la prueba de los caldos, que los había buenos en Santa María del Viento, y ante el asombro de su yerno Martín Walls, que todo lo anotaba, dijo entre vahídos que se llamaba Lucrecia por la buena memoria que tuvo su padre del lecho de una que así se llamaba, y que siendo mujer casada y de buen linaje se prestó al adulterio con don Ignacio y se le murió de placer y hubo de dejarla muerta en su cama para no mancharle la muerte. De modo que la despidió con pena y salió de su palacio orgulloso de haberla matado de gusto, mas haciendo escaramuzas para no ser visto por los criados al salir, aunque lo hubieran visto los criados al entrar. Lo cuenta Martín Walls y su resentimiento añade que esta gente no tiene limpio ni el nombre, con lo que ni el nombre sería bueno para llevar a Lequerica a los altares, de quien Martín Walls, tratando de defenderse, llega a asegurar que lo mató el placer, sin que se sepa a cuento de qué dice lo que dice, aunque pueda entenderse que al placer angélico se refería.

Le hagamos caso o no a Martín Walls, en lo que no hay duda es en que don Ignacio de Lequerica quería un hijo bien distinto. Suceden cosas así a los hombres que se empeñan en que la Providencia actúe a su dictado y sufren después las consecuencias de un acontecer que les es ajeno. Si don Ignacio de Lequerica fue de éstos, nada le importó a fray Benjamín Berástegui, pues no están los hagiógrafos para considerar los sueños humanos que perturban o puedan perturbar sus hagiografías. Para Berástegui, la existencia del demonio bástale para entender lo que sin las maniobras de Satanás haría precisas otras averiguaciones en torno a don Ignacio. Para la madre María de los Ángeles de la Encarnación el asunto es más sencillo: ella no necesita al demonio para excluir averiguaciones, porque aunque el padre del venerado fray Juan hubiera estado errado, en su existencia halla el santo la primera prueba del Señor y la escuela de sacrificio. Si Dios indica al señor de Jundía que en el camino de la milicia ha de fortalecer a su vástago, no es, a juicio de la religiosa, porque esté Dios de acuerdo con semejante destino para fray Juan, sino porque en la resignada obediencia del joven habría de cumplirse la voluntad del Señor.

No es que entren en contradicción la monja y el fraile en sus escrituras, sino que mirando los dos por el mismo agujero, un poco más de inocencia hay en ella que en él y la inocencia o la falta de ésta cambia de forma sustancial el argumento.

Fuera cual fuese la voluntad divina, que es para quien escribe la suprema voluntad y la de más difícil investigación, el joven Ignacio, más tarde fray Juan, entró en el ejército y se sintió allí como pez fuera del agua, haciendo ascos a todo y asombrando con sus rarezas, y al decir del comandante de tropas, Juan de Rojas y Arciniegas, presa de debilidades que lo inhabilitaban para la guerra.

Por la amistad y el respeto que me merece vuestra señoría y porque en el castigo que le impongo no hallo remedio para hacer de él soldado valeroso y ni siquiera soldado —escribe el comandante a don Ignacio de Lequerica—, *ruego a vuestra señoría haga de su hijo un hombre, encomendándole misión que pueda cumplir con mayor dignidad, porque así lo creo conveniente para la salvaguarda del buen nombre de esa casa que con tantos blasones se honra.*

No es considerado de buen gusto este epistolario por las altas dignidades de la Iglesia y por burdo y falso es tenido, mas en esta referencia no hay ánimo de ofensa ni voluntad de encontrar verdad mayor que la existencia misma de las cartas que se guardó muy bien Martín Walls y dejó a buen recaudo, ya que gusta la historia de todas las verdades y aun encontrándolas distintas no las encuentra mayores las unas de las otras. Mas se desconfía incluso de las afirmaciones devotas de la madre María de los Ángeles de la Encarnación por mor de sus excesos y se tienen por procaces las del militar tan sólo porque diga, con no pocos ocultamientos y algo medroso, y además con muchos reparos y delicadezas que procuran no ofender a un padre, que el joven soldado tenía malos hábitos de mujeres, no por frecuentarlas sino por imitarlas, y que tal vez no pararan sus costumbres en los decires, andares y perfumes de las hembras.

Es verdad que, de hacer caso a estas misivas, se tendría que dar por cerrada la causa de beatificación del virtuoso y que, no queriendo hacerlo, convendría más ignorar aquello que se interponga en la misión encomendada a la Iglesia. No es que los militares se distingan por sus sutilezas, según prueba la historia, y como de todo ha de haber en esta viña, bien está, quizá, que no se distingan por lo mismo que los demás. Así que lo que el comandante De Rojas y Arciniegas vio tan femenino en el joven Lequerica acaso no sea otra cosa que remilgos de su educación y lujos en los que lo metió su madre y, de cualquier modo, maneras de obrar con inocencia. Y aunque así no fuera, María de Magdala fue lo que fue y se reconoce su arrepentimiento como arte valioso de su santidad, aunque mal esté que se llame arte a la virtud.

Peor que el comandante estuvo el padre del siervo de Dios, que, como siempre hizo, no se anduvo con rodeos ni filigranas y contestó al comandante por derecho y como creyó que era más conveniente: *Gracias doy a vuestra excelencia por su amistad y respeto e igual que teme por mi honra temo yo por la de vuestra excelencia. Pues si la mía me viene de mi linaje y mis procederes, la de vuestra excelencia ha de venir de los hechos de armas y de su conducta de soldado. Y es en ésta donde hallo a vuestra excelencia débil y con la honra a prueba, pues no muestra capacidad para hacer un hombre de un hombre y me habla de ser el pa-*

dre de un sodomita, tan sólo porque la madre pusiera empeño en disputarme el mérito del hijo varón, dándole modales que debo reconocer impropios. Si de él no consigue vuestra excelencia hacer un soldado y por el contrario alcanza a probar su sodomía, bien hará en darlo a la hoguera, que es donde terminan los desechos de esta casa honorable, o darle muerte en cualquiera de las formas que estime más ejemplares.

El comandante De Rojas y Arciniegas se defendió de la acusación de haber dicho lo que no dijo, que no empleó él —escribió al señor de Jundía— palabras que supusieran ofensa ni agravios. Para fray Benjamín, en sus escritos, no fueron otra cosa que dictados del demonio al comandante y en su versión sostiene que el militar flagelaba al joven Lequerica, y se regodea el fraile al contar primero las carnes intocadas, la piel buena y fresca de su espalda y su torso y el contorno de las nalgas sin nombrarlas, pecando de lujuria sin advertirlo. Mas después también se satisface, pienso que sin saberlo, en contar cómo se iban abriendo las heridas y purísima llama a la sangre que manaba de ellas, quizá porque así se lo contara Lequerica.

La madre María de los Ángeles de la Encarnación sólo detalla en cambio un prodigio: *Escribía el comandante Juan de Rojas y Arciniegas al padre del venerado tales oprobios sobre el soldadito, que la pluma con que lo hacía chorreó sangre y presto acudió el militar a arrodillarse a los pies del santito. Todos vieron dibujarse sobre la cabeza de éste una aureola.*

Por lo que recelo no debió de ser, en esa ocasión de tan arrebatado fervor que describe la religiosa, cuando el comandante escribió a don Ignacio de Lequerica, además de en defensa propia sobre el hecho de que se hubiera explicado en demasía, como ya queda dicho, que ya que nombraba palabras y hechos que él no quiso nombrar —le contestó— tendría que decirle que estaba probado lo que él le animaba a probar, pues de las mujeres su hijo no sólo tenía los modales sino también los procederes y las artes de seducción y que a varones a los que no se les conocían aficiones en actos contra natura había inducido a tamaña perversión. Y añade: *Sentenciado está a la muerte quien no sólo fue incapaz de ser hombre y soldado sino que manchó además la honra de su casa y de su patria.*

Dice la madre María de los Ángeles que no obstante los prodigios, o precisamente asustados por ellos, se empeñaron los militares en la persecución. Mas no me extrañan las contradicciones ya que no hay historia de santo o de héroe que no se vea envuelta en nubarrones semejantes.

De las cartas del señor de Jundía al militar y del militar al señor nada más se sabe. Sólo Martín Walls se atreve en sus diarios a decir que hubo seducciones ciertas en los tiempos cuarteleros y que en Santa María del Viento un fraile había que se empeñó en oficios de lego por haber conocido en la milicia a fray Juan de Lequerica. Dice después que los conocimientos íntimos del fraile con el venerado venían de viejo y que esos trances amorosos dieron mayor poder al lego que a cualquier prior o canónigo catedralicio. Solamente allí, en los diarios de Martín Walls, se habla de alguien a quien Lequerica hubiera podido conocer en los cuarteles y sobre este alguien no hay documento alguno que se pronuncie, porque con el nombre de fray Francisco de Correa, como Martín Walls lo nombra, no hay documento de la época que lo nombre. Tampoco lo menciona fray Benjamín. Y quizá sea mejor, pues de nombrarlo abriría otro camino confuso para complicación de la causa de beatificación de monseñor Lequerica.

Al cabo, no hay nada que pruebe que se diera muerte al joven Lequerica y, si la hubiere, este Lequerica del que hablamos sería otro. Fray Benjamín Berástegui dice que fue sentenciado a muerte por calumnias que cayeron sobre él y que a punto estuvo de martirio por sorprendérsele en éxtasis. Fray Benjamín entra en contradicción con lo que predicó fray Domingo de las Tribulaciones, como más adelante veremos, y tal vez no le faltaran razones y argumentos a fray Domingo. Aunque Berástegui dice contar lo que Lequerica le contó: *Ya me conducían los soldados al patíbulo cuando vi venir a los ángeles y me fui con ellos en paz creyendo que me llevaban a la gloria y me condujeron junto a mi madre. Con ella fuimos hasta un convento en Sevilla, dedicado a san Buenaventura, cuidando de que nadie nos viera, y estoy por decir que fue nuestro propio seráfico padre san Francisco el que hacía a aquellas horas de hermano portero. A varios hermanos conocí y con todos ellos hablé de la hermana pobreza y todos quedaron encandilados de cuánto sabía yo de ella y miraron con qué desprendimiento me despojaba del oro que vestía.*

Es Martín Walls el que se atreve a contar que doña Rosa, la madre del siervo y la de su propia suegra, fue ajusticiada en condena por ayudar al hijo a la fuga, valiéndose de ayudas de criados que merecieron igual castigo. Mas él mismo, sin que se sepa por qué, se anima a intuir que fue el propio don Ignacio el que dio muerte a su esposa, y no se supo o no quiso saberse que el marido diera muerte a su mujer, y acaso en esto no le falte razón. Los documentos de la casa la dan por muerta en fechas próximas a aquellas de las que venimos hablando, mas registran allí los gastos de pócimas y ungüentos para calmar sus fiebres, que parece que las tuvo, y si las tuvo y fueron calmadas no se explica que le diera muerte el esposo después de haberle curado las fiebres, aunque tal vez al no hallarle curación se desesperara y cometiera el silencioso crimen.

Puede verse ya a Ignacio Patricio Baltasar de Lequerica en el convento, con la tonsura hecha y el pardo sayal de los franciscanos. Costumbre es que se deje en el mundo el nombre del mundo e Ignacio lo dejó y con buenas razones. Digo buenas porque buenas son las de la regla de la Orden que a cambiar el nombre obligan, mas también porque con el nombre cambiado era mejor huir de la justicia, si hay justicia que a uno lo persiga, y aún es peor si de la justicia militar se trata. Se llamó fray Juan y a fray Benjamín le contó que porque Juan se llamaba un rapaz que de pequeño iba a su palacio con los zapatos rotos y padeceres de asma. En él vio, pobre y asfixiado, la viva imagen de nuestro padre san Francisco. No cuenta que por años le cambiaron además del nombre el apellido y en lugar de Lequerica se llamó Pérez, que era apellido corriente que servía para el disimulo al tiempo que lo ejercitaba en la humildad de llevar apellido sin relieve. Y aunque no he comprobado yo este detalle en los libros del convento y tampoco se refieren a este dato ni la madre María de los Ángeles de la Encarnación ni el propio fray Benjamín, tengo sabido por consulta con la Orden que hay un fray Juan Pérez que en todo coincide con el que, al pasar de los años, y tras llamarse Juan Pérez más años de los precisos y de los que hubiera querido él, pasó a llamarse por propia voluntad, no bien vista entre los franciscanos, fray Juan de Lequerica. Fray Benjamín se refiere siempre a él llamándole Lequerica, desde que era su maestro en el noviciado, y según mis cuentas parece que recobra el apellido cuando recibe el orden episcopal. Martín

Walls dice que por vanidad impropia de su condición franciscana y fray Benjamín, que por la caridad de honrar a su padre que tanto le había deshonrado. Si parece que la Orden no gustaba del apellido Lequerica, tal vez porque en el legado que doña Rosa hizo de muchas pertenencias suyas a los franciscanos figuraba la voluntad de que fray Juan se siguiera apellidando Pérez, será más propio pensar que debió de ser con la autoridad que da la condición episcopal cuando nuestro venerado se atreviera a faltar a la obediencia en cosa tan liviana como declararse hijo de su propio padre.

Mas a cosa pequeña nos entregamos a veces para sacar luz y sacamos luces que en lugar de alumbrar nos encandilan. Digo esto porque nos empeñamos en que fray Juan de Lequerica sea cosa clara para ser santo, y es santo, sin duda, mas no cosa clara. Inquietan los muchos silencios que los actores dejan aposta. Y los de doña Rosa debidos a buen seguro a su origen hebreo, tan oculto, y con cuyo descubrimiento la amenazó siempre su ilustre esposo, quitándole vida con ello, y dándole un vivir lleno de temores.

No me metería yo en esos detalles de su casa que a la tal doña Rosa doy por lela más que por silenciosa premeditada. Y de su condición de hebrea baste con ver los documentos de su dote para darla por cierta. No falta materia oscura ni trabajo en la vida del virtuoso como para andarse en preocupaciones sobre sus progenitores. Bien es verdad que me cuido de hacerlo con todo el rigor de los estudiosos, aunque pienso a veces que no es ésa la senda que a un hombre de cabeza habría que recomendarle si ante un proceso de beatificación se halla. Porque, o bien sucede que se me tiene en cuenta y se incurre en el error de no reconocer en fray Juan de Lequerica la gloria que ya se ha ganado, o por el contrario recela el Papa de un servidor y las horas por venir no son de buen augurio.

Otra vez la oscuridad: nada se sabe de lo que pasó en Ventiscas mientras fray Juan Pérez estuvo huido en el convento, depositado por su madre, para que ni la justicia paterna, que lo daba por muerto, ni la militar, que lo sabía vivo, la dejaran sin lo que no siendo de sus entrañas lo era más. Y no sé yo si, como supongo, llegó a creerse que de verdad lo fuera por el mucho parecido que en el rostro tenía con su padre, cosa natural porque su padre era.

Fray Diego de Inchaurbe, franciscano también, en su *Memorial del convento de Ventiscas*, hace relato de las malas horas que el convento vivía hacia 1603, cuando llamó él mismo al exorcista fray José de Rivera para que echara al demonio del cuarto de un militar converso que creyó vivir en verdad su conversión y pidió asilo en la casa santa. El militar era portugués, había sido capitán del tercio de Setúbal y había matado, además, a un hombre cuando vivía entregado a la pasión de la carne. Llamó un buen día a las puertas del convento con ánimo contrito.

Nunca vieran mis ojos —escribe Inchaurbe— *tanta aflicción por los pecados en el rostro de un hombre y expresada su contrición con palabras tan precisas y seductoras. Los llantos y el canto de la gloria de Dios, todo junto, y el ánimo de penitente envuelto en flagelaciones que herían sus carnes con desmesura nunca vista por mí. Todos los novicios aprendieron de él a abofetearse a sí mismos nada más presentían la tentación de la carne, como aquel que llamándose Antonio Caeiros da Fonseca tomó el nombre de Domingo de las Tribulaciones en religión. Por los muchos saberes que del mundo traía, pues andar en la guerra no fue para él otra cosa que un ejercicio de pasión y de incontenida violencia, tuvo para la oratoria las mejores artes y compungidos y llorosos salían los fieles de sus sermones.*

Mas si era apto y aun brillante para la palabra y la liturgia y en él se exaltaba más la riqueza de los ornamentos por su buena presencia, la soberbia lo quiso poner pronto por delante de sus superiores, y en ocasiones fue superior él mismo, con un notable aumento de la penitencia para todos nosotros. También quiso aventajarnos ante el amor de Dios y un día en el refectorio mostró sus llagas como si del mismo seráfico padre se tratara. Y fue entonces cuando se dijo que por envidia los frailes dudamos del origen divino de las llagas. Fue el propio hermano Cándido de Ávila el que viera con sus ojos cómo se hurgaba el portugués con una gubia y gran riesgo en las palmas de sus manos.

Mas no fue por eso, ni por los milagros que semejaba y con los que se ganaba la admiración y la fama, por lo que dimos en llamar al exorcista sabiendo que el demonio se hallaba entre nosotros. Fue porque habiendo olido a azufre el pobre hermano Cándido, al que Dios otorgó buenas dotes en el olfato, entró sin avisar en la celda de fray Domingo, no sin algún cuidado, y vio cómo yacía Satanás en su lecho en forma de mujer rubia y sin cubrirse las carnes. Y si por decoro y con gran temor guardamos silencio de aquel suceso, no podíamos seguir guardándolo sabiendo que en otras formas Satanás hacía cosa semejante en los lechos de los novicios. Mas para entonces fray Domingo de las Tribulaciones, que tomó ese nombre por haber visto en Setúbal cómo sudaba una imagen de Cristo con esa advocación, dio por aparecido a un joven virtuoso que por ser tal había sido perseguido y ordenado matar como a verdadero mártir.

Ignacio de Lequerica se llamaba y no sé decir otra cosa de él sino que me llamó la atención por sus rarezas y que en religión cambió de nombre y apellidos y se llamó Juan Pérez. Era estudioso y ordenado y sabedor de muchos latines. En oficios de sacristía estaba destinado y nunca platiqué con él, mas fray Domingo se levantó el día en que el exorcista había de venir y nos hizo arrepentirnos de nuestras figuraciones y escándalos mostrándonos el prodigio que al principio quisimos rechazar como milagro: la aparición entre nosotros del frailecito al que de súbito le aparecieron los estigmas. Se levantó fray Domingo gritando e hizo por su cuenta sonar las campanas y en llantos nos tuvo de arrepentimientos, que yo no sé si fueron contriciones verdaderas o nuevas figuraciones, hasta que se llegaron a la iglesia los terciarios y otros devotos vecinos y vieron que del hijo de Ignacio de Lequerica se trataba y quisieron tocar las llagas del aparecido y lo llevaron hasta donde había moribundos. Dicen que los moribundos se ponían en pie por cuenta propia. Seguimos mostrando nuestros reparos a la aparición y fue la cordura de los superiores la que impuso la aceptación por obediencia. No será este humilde siervo quien escriba en contrario. Antes bien, diré que fue lo cierto que se dejó de hablar del demonio y que no tuvo razón el exorcista que había caminado algunas millas para poner orden en el convento. Fray Cándido murió de asfixia por lo delicado que era en el respirar y, después de que no estuviera él, nada se volvió a saber del olor a azufre y sí de los muchos milagros que obraba fray Juan Pérez. A la alcoba de su padre lo llevaron cuando el padre agonizaba y al verlo don Ignacio de Lequerica, que lo creía muerto, se le manifestó la cólera en una tos de la que ya no consiguió recuperarse y murió maldiciéndolo. Mas a un matrimonio anciano le hizo el prodigio de que la esposa, más joven que el esposo, quedara encinta y el ejemplo de semejante prodigio no faltaba nunca en los sermones de fray Domingo.

Así ocurriría después, que ya no hubo paz en el convento de tanta visita de embarazada o mujer por embarazar y no quiero contarles las muchas que vinieron por estériles. Del demonio no se volvió a hablar y una vez que el frailecillo Gil lo hizo por maledicencia, con el inevitable resentimiento que los caldos le traían a fray Alfonso, se le apareció en el lecho de fray Domingo el propio aparecido fray Juan Pérez. Por donde quiera que fuera fray Domingo, y no paró de andar predicando, llevaba consigo a fray Juan Pérez, y mostraba sus llagas y las del novicio y, aunque no siempre, muchas veces sí que los enfermos aparecían curados. A una niña que le crecía la barba como por cosa del demonio le anduvo donde el demonio le había urgado y le halló muy metido para dentro de unos pliegues de la carne lo que le faltaba para ser hombre, que lo tenía oculto por cosas de Satanás. Así pues, siendo tan pronto en el aprendizaje del latín y de las letras y tan virtuoso que gemía en las noches por sus pecados y tenía apariciones de la Virgen de Regla en la celda de fray Domingo, resolvió el provincial que recibiera pronto las órdenes, que ya tenía edad para ellas, y se desprendiera de la tutela de fray Domingo. A lo primero dio fray Domingo su conformidad y a lo segundo no se prestó gustoso, por lo cual fray Juan Pérez marchó a un monasterio que cerca de Yuste teníamos por entonces y que a san Pedro de Alcántara estaba dedicado, y quedó por poco tiempo en Ventiscas fray Domingo, sin querer salir de la celda y haciendo en ella ostentación de pecado. Tanto fue así, que a los legos que le llevaban la comida por caridad se les mostraba desnudo y haciéndose tocamientos en cuya descripción no debo extenderme. Mas en esos tocamientos se le fue la vida. Poco a poco se secó de tanto tocarse y murió un 20 de octubre, y a la hora de morir, en aquella madrugada, gritó blasfemias, sabiendo que de ese modo abandonaríamos el sueño para hacerle callar, y cuando conseguimos que callara, no sin esfuerzos y con un poco de violencia, se revistió por su cuenta, a pesar del poco ánimo que le quedaba, y después de pedirnos que hiciéramos de la celda un santuario de la Virgen de Regla, que allí, dijo, se apareciera tantas veces, no a él sino a fray Juan Pérez, nos pidió además que abriéramos la ventana para ver por ella el cielo. Poco disgusto hubo entre nosotros, como no me cuesta reconocer, y le dimos prontísima sepultura, con silencio y en lugar apartado del cementerio propio.

Es de gran sorpresa para mí que quienes investigan la santidad de monseñor Juan de Lequerica desconozcan lo que dejó escrito Inchaurbe en los propios archivos de su Orden, aunque se hiciera con ellos el prelado de Santa María del Viento al expulsar a los frailes. Mas quizá no le dieran importancia al considerar que habla poco de Lequerica y más se da a contar del tal fray Domingo de las Tribulaciones, a quien nadie tuvo la veneración que Lequerica le profesó hasta el punto de entrar en conflicto con sus superiores. Y ni siquiera de este conflicto habla Inchaurbe, pues al conflicto se refiere sólo fray Benjamín Berástegui cuando dice con brevedad que tuvo un tutor de gran sapiencia —*tanto espiritual como de letras*— en un fraile portugués de gran bravura. Ni siquiera invoca el nombre de fray Domingo, quién sabe si porque de haberlo hecho no hubiera sido del agrado de sus superiores. Mas señala: *Gustó tanto de las mujeres como de la guerra y a ambas las abandonó por la paz del convento. A aquéllas porque la mujer dio lugar al pecado por el cual todos morimos, según está escrito en los proverbios. La mujer era para él un ser débil y presto, por lo tanto, a los engaños y a las acechanzas del Maligno. Y abandonó la guerra porque la única guerra para él valiosa era la que por Cristo se ha de dar.*

Dice a este propósito Berástegui que Lequerica tuvo siempre guardada en el corazón la devoción por quien tanto cuidó de su alma y que, con buena intención, quiso cumplir a la muerte desdichada del portugués, sin aclarar dónde estuvo la desdicha del deceso, con lo que le había prometido: dar culto a su santidad tan clara. Y concluye Berástegui con esta nota: *Retiró a tiempo los cuadros con la figura del forastero que a la veneración de los fieles habían sido expuestos.* Mas fue por las amonestaciones que del padre provincial, fray Pablo García, recibió Lequerica y no porque la salud se le resquebrajara, como apunta la madre María de los Ángeles de la Encarnación, por lo que se le retiró la licencia de predicador y destinósele a un lugar cercano a Compostela, después de que pasara por Yuste con rabieta, para servir allí de capellán y consejero de la insigne benefactora de la Orden, doña Luisa de Castresana y Villegas.

A la pobre doña Luisa se le habían muerto maridos en número de tres y las criadas por más de seis se tiraron al río o se las encontró alguien en la improvisada horca de un castaño. No se sabe bien si perdió la salud de tanta muerte en su entorno o si por haber perdido antes la salud de la mente, sucedió tanta muerte después. Lo cierto es que doña Luisa creía morir ella de un momento a otro, de tal modo que estaba siempre muriéndose, y había oído hablar del frailuco, como lo llamó en su carta al provincial, por su mucho prestigio de confesor y santo. En este trance tuvo la tentación Lequerica de abandonar la obediencia y volver al mundo por el poco gusto que le daba ir a atender a una moribunda que al parecer no lo era, y lo era.

Nunca como entonces —escribe— *fui peor tratado y con menos justicia por mis superiores, mas a los pocos días estuve conforme con que se hiciera la santa voluntad del Señor, tanto por el bien de mi alma como porque en aquella casa hallé persona comprensiva en doña Luisa, cuya cabeza recuperé como de milagro y al poco ya no estaba ella para la muerte.*

No se sabe si volvió a obrar milagros Lequerica, aunque lo dé a entender él de un modo interesado, porque muerto fray Domingo no se supo que los hiciera más durante mucho tiempo y hasta que se empeñara en fundar la ciudad de Vitria, después de una ocurrencia a medias entre él y doña Luisa. Martín Walls lo cuenta, metiéndose donde no lo llaman, porque él allí sí que no estuvo, y dice que se les ocurrió la fundación después de copiosa comida, impropia para una moribunda, y de abusar de los caldos, que en

Compostela había uno, y no lo menciona, que hacía entrar en trance al fraile. Y no se vuelve a saber de sus estigmas porque a Compostela llegó con las manos y los pies curados, aunque acaso, y no sé por qué, pudiera mantener el del pecho, que por ser más secreto debió traerle menos complicaciones. Fray Benjamín le preguntó un día si fue cierto que en sus manos, en sus pies y en su pecho llevara otrora los sagrados estigmas y, por lo que explica en su libro, el siervo de Dios le respondió que ni tanta gloria ni tanta incomodidad le diera nunca Nuestro Señor. De modo que deberá ser el señor cardenal el que resuelva si con estigmas se le representa en la imagen con que ha de ser venerado, dando por bueno lo que cuenta Inchaurbe, o si al relato de fray Benjamín nos ajustamos y, puesto que lo niega el propio venerable, lo dejan sin estigmas.

Mas es interesante conocer que entre Lequerica y doña Luisa de Castresana y Villegas, baronesa de Pandolfino, hubo un pronto encuentro de almas y mucha alegría en uno y otro por entenderse tan bien y con tanto gozo de Dios. Lograron tal entendimiento y buena relación que no escaparon a la maledicencia de los criados, que luego fue maledicencia de todo Compostela y llegó, que yo sepa, hasta Iria Flavia. No podía ir más lejos el infundio porque ni la edad de la baronesa permitía pensar en lujurias ni las condiciones de varón de Lequerica, tan escasas, inducían a tales sospechas. No es que lo dijera así exactamente el padre provincial, tan peculiar en su habla, mas esa respuesta dio al arzobispo de Santiago cuando éste le indicó que «bien está que atendáis a vuestras benefactoras, y mucho más cuando son tan fieles como doña Luisa y tan dispuestas a la buena muerte como ella, mas debéis atender asimismo a no dar motivos para las habladurías y el escándalo».

En sus *Crónicas de la fundación del monasterio de Santa María de Regla en Vitria* escribe fray José de Antona que el arzobispo no reparó en las habladurías de un principio sabiendo que en las capellanías de Galicia había mucha licencia y frecuente desdoro, y acaso por no considerar las urgencias de la carne, sí las había entre los ordenados, como el más condenable de los pecados. Y amén de errar en estas consideraciones sobre las faltas de los presbíteros, considera Antona, incurrió en otra que a los revestidos del orden episcopal no debe serles consentida: empezar a advertir el pecado en el momento preciso en que de los maravedís y las largas extensiones de tierras de doña Luisa se empezó a hablar entre la baronesa y fray Juan de Lequerica.

Ya habla Antona del apellido Lequerica y deja de lado a fray Juan Pérez. Mas no hagamos del cuándo y cómo pasa de llamarse fray Juan Pérez para pasar a ser fray Juan de Lequerica cuestión que importe mucho o poco a la santidad del venerado y detengámonos en las crónicas de fray José de Antona para saber cómo se maravilla Lequerica con el murmullo de las fuentes de Compostela y con sus torres y el modo en que narra a doña Luisa su deslumbramiento: «*No hay nada que dé más gloria a Dios que la geometría. Pues si la música hace bien al alma, porque la desprende del cuerpo y la acerca a Dios, es en las redondeadas cúpulas y en las torres espigadas con voluntad de alcanzar el cielo donde el hombre quiere asemejarse a Dios, y no alcanzarlo con soberbia en su grandeza creadora, sino imitarlo humildemente al tiempo que le da gloria. Veo en Compostela cómo la humildad de los siervos del Señor se ha hecho piedra que lo enaltece y envidio a esos siervos no sólo porque en los templos y en el arte que en ellos se alberga cantaran la gloria de su Dios, sino porque en sus palacios o en sus más humildes habitaciones han sabido glorificar al Altísimo. Ya sabe vuestra señoría que la bienaventurada Catalina de Siena decía que la ciudad es la imagen del alma.*

»La Santísima Virgen de Regla, en cuya devoción vuestra señoría y yo nos gozamos, doña Luisa, llama a mi corazón pidiendo noble santuario y puesto que en vuestras posesiones del sur de la Península lo tiene, aunque humilde, a vuestra señoría propongo levantar allí donde una pequeña ermita se alza la gran mansión de la celestial Señora. Y puesto que conoce vuestra señoría el gran desasosiego de las almas que ven venir la muerte...» Doña Luisa, que arrobada se hallaba con la elocuencia del siervo de Dios, lo interrumpió devotísimamente y le dijo: «Me ha venido una luz.» Mas como él supiera de qué luz se trataba y teniéndola él mismo, se dirigió a ella: «Suplico a vuestra señoría, a sabiendas de que por mo-

ribunda de sólito será sensible a mi súplica, la ocurrencia que viene a mi alma, por iluminación de la mismísima Virgen, de construir allí, además de templo que la honre, ciudad para que habiten las almas que estén de pronto morir. Aunque no sé si es sueño que tuve o aparición, de tan turbada que ha quedado mi alma en la basílica del Apóstol, me parece que la Virgen me indica que ha de llamarse Vitria la ciudad que fundemos, no para gloria nuestra sino para bien de las almas y tranquilidad de los que allí lleguen porque vieran a la muerte acercándose.»

No explica Antona la razón de ese nombre ni de dónde pudo venirle al venerado la ocurrencia, mas vayamos a otra cosa: a saber que el arzobispo de Santiago no estaba por más ciudades santas que las que existían ya, y más si en ellas había de emplearse la fortuna de sus feligresas. Sirvan asimismo esos escritos para recordarnos, aunque de ello nada diga el fraile en sus crónicas, que sabiendo el general de la Orden que estaba por morir una benefactora, que era piadosa terciaria, y que sus tierras y sus maravedís podían amainar las penurias de algunos conventos, poco acierto halló en el propósito de fundar ciudades o santuarios donde nadie los llamaba. Y en las cartas está escrito lo que no hay que recordar. Mas voy a hacerlo otra vez: que respondiera el general a fray Juan tratándolo de poco cuerdo y de querer sacar provecho del escaso tino de la baronesa para darse a las grandezas de las fundaciones, *más por la soberbia que lo anima,* le dijo, *que por la gloria de Dios que toma como pretexto.* Y si mal no estoy de la memoria, más que decirle le insinuó otras cosas sobre su escasa virtud: enredador lo llamó y le señaló un destino, una lejana isla canaria donde había convento en Betancuria.

Fray José de Antona llama a estos sucesos, sin relatarlos, pues por él nada de esto se sabe, inconvenientes que el Maligno obra en la cabeza y en el corazón de los superiores, y cuenta que con resignada paciencia cristiana los aceptaba fray Juan de Lequerica. A aquella carta del padre general nada responde fray Juan y el general deplora en una nueva que con risas y fiestas se reciban en bailes palaciegos, de los que debía guardarse, las órdenes que en obediencia debe cumplir, y comunícale que a sustituirle en el empleo de la capellanía manda a un hermano más virtuoso y humilde, que se llama Benjamín Berástegui.

No se vuelve a saber de nueva carta del MRP fray Cesare Novotti, que era el nombre del general a la sazón, a Lequerica, y sí de las que envía éste a fray Pablo García, el provincial, y de las que fray Pablo le contesta. Ignoraba el padre general la buena relación en la que habían entrado de modo repentino el arzobispo y el fraile Lequerica nada más conocerse el proyecto de fundación de la ciudad de Vitria y su Real Monasterio. Me permito sospechar que hizo doña Luisa de intermediaria entre el arzobispo y el fraile, con la aclaración de que ella dejaría a buen recaudo lo que a la

Iglesia de Compostela correspondiera en su herencia, y así debió de dejar conforme al prelado. No omito que la simpatía que a fray Juan de Lequerica no cupo negarle nunca sedujera de algún modo al arzobispo con el que se encontraba a menudo en ágapes y condumios. De modo que fue fácil que supiera del Real Monasterio y su convento antes la Santa Sede que el sucesor de san Francisco y en ello puso doña Luisa de Castresana y Villegas no sólo el consentimiento y la fortuna sino su mucho entusiasmo. Cuando advierte el general que fray Pablo llama real a un monasterio que está por fundarse pregunta qué sabe de ello el Rey nuestro señor. Y contesta fray Pablo a su general que no está falto de palabra y de fantasías nuestro hermano en religión para hacerse oír en los salones cortesanos donde doña Luisa lo ha introducido y que en esta hora por aquélla ya influye hasta en las cosas del reino.

No habrá de extrañarnos, pues, que callara el general franciscano y que esperara del Papa la cédula de fundación en la que él no tuvo parte como, sin duda, hubiera querido y era de razón. Así que tan pronto llegó fray Benjamín Berástegui, presto a sustituirle por santa obediencia, ya le dio tarea fray Juan de Lequerica, riéndose para sus adentros de la obediencia y por fuera a carcajadas de las pretensiones del pobre fraile. Le encargó de inmediato de los papeles de administración y erigiéndose en su superior, pues allí no había otro que pudiera mandarlo, le encomendó la vigilancia de la casa como la había vigilado él antes de que la misma Virgen lo eligiera para su nueva misión, más delicada.

Tomó carreta para andar hacia donde estaban las tierras de Vitria, y al principio, al decir de Antona, se le vino el alma a los pies al venerado, porque si bien se asentaban aquellas posesiones sobre una colina, como era su ilusión, y estaban sobradas de olivos y de cipreses y de encinas, allí arreciaban los vientos del demonio, difíciles para la paz de los que Lequerica quería que esperaran allí la muerte. Además, era a sus ojos la tierra tan árida que anunciaba dificultad para la siembra de los jardines palaciegos. Mas a pesar de la fatiga, que curaba con ungüentos de muy buen olor y unos polvillos de tabaco que le hacían la respiración más fluida, sacó una fuerza que nadie le viera nunca y en lugar de esperar los milagros, que a pesar de todo los esperaba, llevaba de Ventiscas a artesanos y constructores y él mismo les dibujaba sobre la tierra, con gran arte, lo que la Virgen le dictaba en el sueño.

Se pasó días dibujando bajo unos matorrales que lo protegían y que *me recordaban a mí* —escribe Antona— *las* capannas *en las que hacía vida nuestro padre san Francisco. Cerraba los ojos cuando había duda en él y la Santísima Virgen le hacía ver cuanto le faltara. Que si le faltaba una cúpula, la Virgen se la inspiraba de las más hermosas, de las que dicen que hay en Roma o las que él viera en Santiago. Mas dibujaba también con gran arte los caminos y bajo la luz de las antorchas dibujaba por las noches las casas con sus nobles tejados y lo mismo los pozos y las fuentes. En menos de una noche dibujó las celdas de todos los frailes y los rinconcillos con sus urnas y todos los adornos de escaleras y antesalas. Y cuando acabó de dibujar para los albañiles y los canteros, se puso a hacerlo para los carpinteros y ebanistas y todos miraban con asombro aquel prodigio al ver cómo el mismo san Lucas le llevaba la mano. Aquello no era cosa terrena: cómo cobraban forma cenefas y columnas, hornacinas y sagrarios, credencias y comulgatorios, rosetones con todos sus vidrios y mucho paramento y gárgolas y arquitrabes, como si todo estuviera ya hecho. Y todo con una prisa, que los días y los años fueron pocos y parecieron muchos y todo fue un milagro de la Virgen Santísima.*

No poca estima merecen los muchos atrevimientos que Lequerica demuestra por sus tan variadas capacidades, y no es mi oficio mostrar admiraciones sino despertarlas, si acaso, contando lo que uno ve en los papeles. Mas basta con lo que escribe Antona, si es que tal escribiente nos merece confianza, para dar a Lequerica primero por beato y luego por santo y hasta por genio. Es cierto que en los papeles se ven unas cosas y las contrarias, mas no es eso lo que me preocupa sino que sepa aquel que de la historia se nutra leer donde no hay nada escrito o darse cuenta de la inspiración del que escribe para leer de un modo u otro. Por eso no faltará quien vea a un soberbio donde hay un siervo y a este propósito debemos reparar en lo que Antona afirma: *Era fray Juan tan gustoso de la piedra y palpándola sentía tal deleite que solía decir cuando lo hacía: «Ella os sobrevivirá, hijos míos, y por ella sabrán los que vengan que unos humildes siervos del Señor hicieron tamaña empresa por darle gloria.»* Mas no viene al caso considerar que sobre los muchos amores que impulsaran a Lequerica a la primera de sus grandes empresas sobresaliera su amor por su propia inmortalidad en el recuerdo de las gentes. O no al modo en que lo estimara al principio el muy reverendo padre general. Aunque bien visto, nos tiene ahora pendientes de su memoria a los muchos que lo honran y a los pocos que lo investigamos. Y todavía serán legión los que lo hagan.

Sostiene Inchaurbe con misericordia que, por lo poco querido que fue Lequerica, tuvo siempre la debilidad de buscar cariño en todos. Y no sé si esa explicación nos vale, porque la misericordia se espera en los hijos de Dios sin que de esto se desprenda que los que cuentan la historia deban ser misericordiosos aunque sean hijos de Dios. Más aventurado resulta sembrar dudas en que Lequerica obrara por dar gloria a la Virgen y pensar por mi cuenta que lo hacía para su propia gloria, quién sabe si llevado yo por lo que el arzobispo de Santiago se diera a decir al comprobar que menguaban las arcas de la baronesa y se vendían sus tierras para la obra de la Real Basílica y Sitio de Vitria.

Tanto dinero se gastó —cuenta Antona— *que no parecía que hubiera fortuna humana capaz de pagar tanta riqueza. Entró en turbación doña Luisa de Castresana y Villegas y el padre venerado la instó a confiarse en María Santísima de Regla al tiempo que seguía la venta de sus propiedades y más altos iban los muros de la iglesia. Mas si gran dolor le viniera al padre Lequerica porque el alma devota de doña Luisa no llegara con vida a la culminación de su obra, más dolor le causaba que el señor arzobispo dijera donde le escucharan que fray Juan empleaba el dinero de la baronesa en gloria propia y con detrimento de las necesidades de la Iglesia compostelana. Y una noche se hallaba meditando sobre estas desventuras cuando se le apareció la misma Virgen de Regla a nuestro santo fraile y le señaló el camino que debía seguir hasta encontrar una regla llena de luz. Así lo hizo el padre, obedeciendo a la Virgen como hacía siempre, y al pie de una encina halló la luminosa regla. Cavó allí con sus propias manos, aun a riesgo de que éstas perdieran la dignidad que siempre conservaron para consagrar el cuerpo del Señor, por obedecer las indicaciones de la Señora, y halló allí tesoros sin cuento. De todo había en aquel regalo glorioso: lo mismo pendientes que brillaban hasta encandilar y que el padre puso en la imagen venerada de la Señora, que joyas muy valiosas, que trajeron a la postre buenos ducados. Mas ya para entonces había perdido la señora baronesa no la pie-*

dad, que siempre la confortó, ni tampoco la riqueza, que algo le quedaba, sino la cabeza que se le iba en desvaríos. Por eso dijo y la oyó el arzobispo con gran escándalo que las joyas halladas por mediación de la Virgen suyas eran y que suyo era el dinero del milagro. Y lo dijo tantas veces y con tan desesperados gritos, impropios de su condición de señora, que más dolor vino al alma de Lequerica. Pensó entonces en si no habría castigo de Dios en aquellos sucesos por lo mucho que blasfemaban en su presencia los torpes obreros del lugar y los que se llevó de Compostela, más maledicentes que los sureños y más socarrones, y si a la torpeza de aquellos gandules no se debería el retraso de los muros y la mucha lentitud con que se alzaba el templo.

La misma Virgen le nombró una noche a Hamed Omar, un siervo de la señora baronesa que el padre había cristianado y que en su mucho fervor atendía al padre y ponía cuidados en él en los tiempos de vigilia en que proyectaba la obra. Hamed Omar se ocupó de traer, no sin que antes hiciera buenos oficios en la Corte el propio padre, a una cuadrilla de musulmanes, que estaban a unas noches de mar de aquellas tierras y que podrían desembarcar casi en sus playas. Vinieron y pronto recibieron las aguas del bautismo y se dieron luego en silencio a trabajar sin blasfemia, aunque a la hora del ángelus gimieran o hablaran, que nunca se sabía, en su lengua extraña. Siempre dijo el padre que así alababan a la Virgen, mas por la forma en que lo hacían pienso yo que lo decía el padre por consolarse y que cosa de costumbres de aquellos moros era la forma de reclinarse o gemir. Otra vez se dio el ar-

zobispo de Compostela, a pesar de lo lejos que estaba, a sus males de la lengua, y se empeñó en profetizar que nunca muros sólidos y para la gloria de la Madre de Dios se construyeran por manos paganas, y los blasfemos expulsados, sobre todo los gallegos, sin trabajo y errantes, se encargaron, por nula ocupación o por malicia, de propagar por Ventiscas y fuera de sus murallas los malos augurios del arzobispo y hasta otras maledicencias sobre las costumbres de los musulmanes y los falsos placeres del venerado, que no eran ajenos a los musulmanes y les afectaban en la dignidad de sus partes pudendas.

Por si no fuera poco y para causar más dolor a nuestro padre contó el arzobispo a Roma y a la Corte que a aberraciones sin cuento se entregaban los recién bautizados en aquellas tierras benditas, y aunque nada dijo de las debilidades que sospechaba en nuestro padre, pronunció palabras que pudieran darlo por sobrentendido. Así que tanto la Corte como la Iglesia mandaron gentes de ley que pudieran comprobar la falsedad. Fue de este modo, por la prudencia del Papa y del Rey nuestro señor, como no sólo consiguió el arzobispo que se le diera a él por iluminado del Maligno y se le mandara a tierra extraña, lejos de la sepultura del Apóstol, sino que el Rey nuestro señor, atendiendo a su confesor, acordó consolar a fray Juan invistiéndolo del orden episcopal y con mucha prisa debió dejar su celosa vigilancia de Vitria para tornar a Santiago y exorcizar a doña Luisa de Castresana y Villegas, quien para entonces andaba endemoniada, diciendo sólo cosas que le dictaba el Maligno, y recibir después el báculo y la mitra con que retornaría a Vitria y a su diócesis nueva. No sabían los musulmanes hasta entonces qué cosa era un obispo, ni habían visto nunca a un hombre revestido con tanta grandeza, brillándole el damasco de su manteo y deslumbrándolos el zafiro de su anillo, sobre todo a la luz del atardecer, que llega a Vitria como un reflejo de la que al mar inunda y se expande por allí e ilumina los rostros de tal modo que no parecen rostros de la tierra. Mas se extrañaron al ver entrar a Lequerica en borriquilla y gritarse a sí mismo «hosanna, hosanna», *queriendo que todos le siguieran en el grito. Consiguió alborotarlos sin que hubiera quien los callara y pronto aprendieron a reclinarse ante él y a besar su sortija y a inclinarse si estaban laborando y pasaba monseñor con su báculo en los solemnes paseos que emprendía, que eran muchos, por ver si alguno se amodorraba en su misión, y alguno se amodorraba, y servía el oro del báculo para desvelarlo, no sólo con su brillo sino con su toque, fuerte y de castigo.*

Murió doña Luisa antes de que la iglesia estuviera terminada y se sabe muy bien por los no sé cuántos maravedís que gastaron en llevar su cuerpo de Compostela a Vitria, cruzando tantas tierras distintas, desde las muy verdes de Galicia y las pardas y ariscas de la Extremadura, habiendo hecho descanso en Salamanca, hasta aquellas del sur, secas por unos lados y florecidas por otros, y lo que costó cavar una fosa provisional antes de que se cumpliera la promesa de que descansaría para siempre en el lado del evangelio del altar mayor y con las características del túmulo que Inchaurbe describe en su memorial con toda minucia, y que no hace al caso contar de nuevo, aunque sí debe recordarse que no le faltaban ni adornos ni escudos ni ángeles entrelazados por arriba y por debajo del túmulo, encajes en la piedra que de tan esmerados parecían de ropa oculta y algunos abultamientos en los donceles que la escoltaban que se dirían inspirados por el trato con los musulmanes que no disimulaban las exageraciones de la entrepierna.

Mas pasó años el cadáver de la señora, según se deduce de la fecha del gasto, bajo una encina y con una cruz apenas. Eso sí, aprovechando el abrigo de una era. Y de lo que luego pasó con sus restos ya sabemos. O sea: que nunca llegó a reposar conforme a la promesa, dicen unos que porque con el paso del tiempo más se encolerizaba Lequerica de las cosas que dijo, con tino o sin él, la fundadora, poniendo en entredicho la virilidad del que ya era prelado, unas veces, y su santidad otras, y dicen algunos que los malos consejos de Oswaldo Vera hicieron decidir a Lequerica que el cuerpo de doña Luisa fuera enterrado en el suelo y en la capilla de San Diego, que era de todas las que había la que monseñor tenía por menos. Sea como fuere, la verdad es que allí sigue, dicen unos que incorrupta y otros que nada queda de ella, ni el polvo. Mas con mejor fortuna para su memoria ahora que antes, que al fin pagó bien para que se la recordara, porque en vida de Lequerica, y al decir de un erudito local, que lo cuenta a modo de gracia, por unas razones o por otras, ya fuera por misa de promesa o por novena a san Diego, cubrían con una amplia alfombra la lápida que recordaba a doña Luisa y se olvidaban luego de quitarla a tiempo, con lo que caía más sobre ella el peso del olvido. Lo que parece un ajuste de cuentas acaso no lo fuera, porque bien pudiera haber pensado nuestro taumaturgo, e incluso haber tenido visiones del más allá que así lo confirmaran, que doña Luisa no había alcanzado el Paraíso Eterno y que estuviera consumiéndose muy cerca del diablo como él debió de creer que merecía. Si así fuera, que por lo que barrunto lo fue, Lequerica pecó de generoso dando sepultura en la iglesia a una condenada, cuando quizá por esto tenía que haberla dejado reposar bajo la encina y al fresco y, por supuesto, sin cruz. Mas al cabo también es posible que el Altísimo se dignara algún día ser indulgente con ella por toda la riqueza que había entregado para darle gloria, y Lequerica, aun con sus rencores, que pocos santos habrá que no los hayan sentido para arrepentirse después, seguro que guardaba gratitud en su corazón por la mucha caridad de la dama.

Mientras se alzan unos muros, tantos y con tanta fábrica, entran y salen gentes y llegan carros y se van, y las trifulcas y las contrariedades no faltan, y las mujeres enredan, bien por la prominencia de los senos o por el vuelo de una saya, que en Vitria vientos no faltaban para que a cualquiera de ellas se le vieran las enaguas al completo. Gañanes había para el trabajo duro, mas por ser duros y gañanes, y saber poco de modales, se les alborotaría la entrepierna más que a los que saben leer, o al menos con poco disimulo, y siendo moros, como eran algunos, ya ésos sí que no mirarían dónde hociqueaban con sus miembros y serían capaces de anidar con ellos hasta en el hoyo de una burra. Bien sé que no se debe hablar así cuando de un venerado se está hablando, mas si en algún sitio estuviera contado, que lo estuvo, no pasaría esto, y si después dejó de estar contado fue porque dicen unos que los viejos que iban a Vitria a morir dejaban encendidos los candiles por descuido al lado de las telas, o encendían las velas a los santos, tan cerca de ellos como para hacerse oír mejor en sus súplicas, y convertían en fuego a los santos y a todo lo que había alrededor, y dicen otros que también porque Oswaldo Vera disponía los fuegos extraños, de dudoso origen, que inquietaban a las campanas de madrugada y las hacían tocar a rebato. Todo para que no se supiera lo que no tenía que saberse, que nada desmiente más que el fuego, y es verdad, o bien porque los asaltantes dieran con las antorchas en los damascos o en las repisas, o cayera una vez el cirio de un velatorio sobre el ataúd del muerto por no haberlo puesto seguro, y se fueran en el descuido el muerto y el ataúd y el fuego llegara a los archivos.

Mas si pudiéramos contarlo como es debido, una de dos, o añadiríamos gloria a Lequerica para el bien de su causa de beatificación o encontraríamos razones para menguar su gloria, y puestos a eso, mejor no encontrar nada. Soy partidario yo de la gloria de Lequerica, aunque ni arte ni parte tengo en un asunto que es de la incumbencia del Santo Padre en quien Dios ha puesto toda su confianza, y si Dios no se equivoca nunca, mucho menos se equivoca al mirar a los santos verdaderos y reconocerlos al pronto de tan cerca que los tiene.

Y así llego al final, que por mucho que he rebuscado en los archivos del monasterio de Vitria ni una palabra más he hallado de lo que se supone que escribió Antona, siempre pegado a la sombra de los hábitos de Lequerica, sin descansar con la pluma y embebido en todo lo que hacía su superior. Pensé que en la biblioteca franciscana de la Chiesa Nuova de Assisi hallaría en parte o en todo los cronicones de aquella fábrica, y el propio padre Filippo, que sabe poco de leer los papeles por derecho, mas mucho del lugar de los papeles, me recomendó que no me quebrara la cabeza, y atribuyó a eso que acabo de contar, los incendios que se daban en Vitria, por descuido o por intención, no quiso entrar en juicios, que se nos quede a medias lo que Antona cuenta con tanto pormenor y lo que seguiría contando si su trabajo no hubiera sido pasto del fuego. Apenas quedan, pues, los libros de fábrica, mas de ese material tendrán mayor conocimiento los frailes que yo, primero porque hicieron las cuentas muy gustosos y confesaron que no les cuadraban, y después porque, poseyendo esos libros de fábrica, habían averiguado entonces por ellos mismos lo que les he contado.

EDUARDO MANRESA

V

ETELVINO DE LA SOTA, EL JOVEN, DESCUBRE LAS ARTES DE SIMULACIÓN DE ETELVINO DE LA SOTA, EL VIEJO

Me costó a mí reconocer lo que ahora admito sin empacho: que acabé descubriendo que los libros son como un juego, una aventura, un laberinto. Así se me desveló, maquinando yo sobre las dudas de la ejemplaridad de Lequerica al leer estos cansados escritos de Manresa, que el muy zorro de Etelvino de la Sota, mi tío, no vivía tan solo como creíamos los suyos y que se disfrazaba el muy guasón y se transformaba a su manera en los papeles para engañarnos o para engañarse a sí mismo. Eso fue lo que se me manifestó al comprobar que don Francisco de Pardellas y Moreiras no era un gallego afincado en Salamanca, como creí primero por ingenuo, sino el guasón de mi tío con otro nombre. Y lo mismo pasaba con lo que de Manresa acaban de leer ustedes. Así que todo lo que yo había aprendido de ellos era falso, aunque bien pensando es posible que lo que se inventaba estuviera a veces más cerca de lo cierto. Del puño y letra de mi propio tío estaban escritas todas aquellas invenciones, que lo eran y no lo eran, porque lo eran un poco, pero bebían al tiempo de las verdades de otros papeles y comprobaciones más antiguas sobre la verdadera vida del siervo de Dios Juan de Lequerica, o quién sabe si estaban inspiradas en la de cualquier otro siervo, como cabe suponer una vez leído lo de Manresa. De modo que se inventaba al tal Pardellas o a Manresa, e incluso a un Bizzarri distinto al que de verdad existe, como ocurre en la descripción del viaje a Santa María del Viento que hemos visto, y los citaba después como si de otros se tratara y no de sus criaturas. Llegué a pensar entonces que hasta el fray Carlo Bizzarri que sí existe también fuera sólo invención de mi tío. Y de algún modo lo era, pues si bien se escribía con un fraile así llamado y que abogado del diablo en la causa de beatificación de Lequerica es, o promotor de la fe como le llaman, aquel Bizzarri que desde Santa María del Viento contaba sus tribulaciones y al que Pardellas contestaba lo que le convenía era mi propio tío viajando como el fraile y contestándose a sí mismo. Y lo mismo ocurría con el manuscrito de Manresa al que llamó tonto en sus anotaciones, quizá por las ingenuidades que escribía, como una manera de llamarse tonto a sí mismo. Se necesitaba ser poco frecuentador de lo escrito como yo lo era para no darse cuenta de que todo estaba escrito por él mismo y a los papeles se les notó el disimulo de complicidad con mi tío tan pronto lo pensé y antes de que blasfemara yo en voz alta, harto de que a un engaño siguiera otro.

Menos mal que hallé las cartas verdaderas del fraile, con firma convincente y todos los sellos que las acreditaban por el correo, y algunas de mi tío que llevaban su nombre verdadero. O sea: el mío. Y no supe, como he dicho, dónde había más verdad, si en las cartas reales de mi tío o en aquellos otros papeles que parecían ser sus juegos e imaginaciones al margen del real proceso de beatificación de Lequerica, tan sólo por diversión particular y para desmentirme a mí, que siempre lo tuve por un aburrido.

Leído lo leído, no sé si me entenderán lo que les digo ahora: que asomándome a estos papeles, tan pronto parecía que estaba uno cerca de una verdad como que se alejaba la verdad de uno y todo era oscuro u otra cosa. Les pasaba a Pardellas, al fraile y al historiador Manresa, vivos o inventados, que en busca de la verdad la perdían o quién sabe si se apartaban de ella fascinados por sus propias verdades. Lo cierto es que llegó un momento en que leyéndolos tuve la impresión de que, al fin, poco les importaba la beatificación del obispo Lequerica, fueran ellos o mi tío, y que eran presa los tres de un juego en el que a veces el miedo al inquisidor más que arredrarlos los impulsaba a jugar más.

Así que por papeles que no fuera, que otros se juntaban aquí, aunque supuestamente encontrados en los archivos de Santa María del Viento, adonde sabemos ya que Lequerica fuera enviado como obispo por el Rey, con crónicas de viajes y alucinaciones que también parecían más fábulas que historias verdaderas y que cada uno de ellos daba por ciertas en la medida en que les convenía.

Mas en las cartas auténticas del tal fray Carlo Bizzarri a mi tío se daba cuenta de las muchas disputas que mantenían los dos al margen de las historias que mi tío se inventaba no inventando del todo y que debía guardarse para sí o para que yo las encontrara, como ha sucedido al fin. Y nunca supe si por cachazudo y por poco presto a trabajar en los legajos que poseyera, consultaba Bizzarri a mi tío, o si lo hacía por desconfianza de la escritura de los clérigos y creyó que en la vecindad de las tierras del fraile que trataban de beatificar, mi pariente era hombre de fiar en sus investigaciones. Si en tal ingenuidad incurrió el fraile alguna vez, había de tenerlo yo por hombre de pocas luces y en principio no me lo parecía.

No debo ocultarles que, crispado otra vez por el engaño de mi tío, ofendido, volví a tener la tentación de la quema de los papeles y, mirándolos, comprendí desde la rabia que no por el engaño mismo me enfadaba, sino por no haber descubierto a tiempo que ni aquellas cartas de Pardellas ni los otros documentos de Manresa o Bizzarri llegaron nunca al fraile ni fueron escritas para él, sino por mi tío y para su propio solaz y el de quién sabe. Aunque tenían más mérito sus enredos si se tiene en cuenta que no escribía él por hacerse con fama ni creo que le diera otro valor a su escritura que la del placer que le traía la risa.

En cualquier caso, antes de obrar de una manera o de otra quise asomarme yo a la vida de Lequerica, como vuestras mercedes en el caso de que me sigan en este viaje por los papeles, aunque bien sé que era el cadáver del venerado, como ya está dicho, lo que ahora los obligaba a averiguar la vida. Terminé, pues, reconciliándome con mi tío y perdonándolo y he aprendido de mi propia generosidad que la venganza requiere siempre su tiempo. Lo admiro ahora por haber sabido vivir más y con más risas, habiéndolo tenido yo por un enterrado en vida, y al cabo tengo que agradecerle esta única herencia, la de los papeles con sus risas, que parecióme siempre tan extravagante. Me he acostumbrado a viajar y a soñar sobre mapas imaginarios y cuando me despierto riendo se agitan las hojas de algunos de estos cafres, los libros, a los que estoy harto de oír roncar sin que me dejen dormir a mis anchas. Me acerco al que parece que agita más sus hojas y hallo siempre en él otros motivos de risa. No sorprenderé a nadie si confieso que a estas alturas los he tomado por mis hijos o por lo único que me queda en este mundo, sin que a veces los deje de tener por padres verdaderos. Sé que a mi muerte no podré esperar nada de ellos, pero es grato sentir que no les aflige que yo pierda la cordura ni que me exceda en los vinos, y admiten que ellos mismos son tan poco cuerdos, borrachos y alucinados como yo. Y, además, una vez muerto, qué cabe esperar de nadie más que recuerdo, si acaso, cuando no olvido, y para eso los libros están más preparados que los hombres.

SEGUNDA PARTE

VI

ETELVINO DE LA SOTA, EL JOVEN, DECIDE USURPAR EL NOMBRE DE ETELVINO DE LA SOTA, EL VIEJO, Y SE ESCRIBE CON BIZZARRI

La idea de convertirme en un usurpador me la dieron los libros. Me vino el día en que llegóme una carta de Roma, remitida por el propio fray Carlo Bizzarri. Venía a mi nombre, o sea, el de mi tío, pero muerto mi tío el único Etelvino de la Sota que hay sobre la Tierra, o al menos en Sevilla, soy yo. Así lo proclamé en voz alta esperando la pronta reacción de los libros, y esta vez estuvieron algo medrosos. No se atrevieron a darme la razón, tal vez por su fidelidad a mi tío, a cuya reencarnación en otro se resistían. O quizá hallaran en mí poco mérito para suplantarlo. Y había tanto silencio en el instante en que decidí ser mi tío y entrar en correspondencia con el fraile, que tomé aquel silencio con toda prontitud como una forma de autorización por parte de ellos. Sólo dije en voz alta que el que calla otorga, como instándolos a que se pronunciaran de una vez por todas sobre lo que había de hacer. Y si no, que no rechistaran luego. De pronto, sentí que alguno de los libros me invitaba a que abriera la carta y no hiciera proyectos sin fundamento; quería insinuarme que a lo mejor el fraile se dirigía a mí y no a mi tío, mas tan sólo para expresarme la condolencia por su amigo tan querido, Etelvino de la Sota. Si no recuerdo mal, la insinuación me vino de una vieja impresión de las *Confesiones* de san Agustín, fechada en 1630, que era un libro del que salían a veces las iluminaciones más sentenciosas y, curiosamente, un libro con muchas risas. Los libros hacen a veces de aguafiestas, las risas sin porqué consiguen eso, y éste era el caso, y por eso guardé la carta en uno de mis bolsillos, desobedeciendo la autoridad de tan anciano tomo. Me atusé la barba mirándolos con desdén y decidí que dijera la carta lo que dijera tendría que pensarme mucho si la abría o no. Porque si estaba dirigida al otro Etelvino de la Sota quizá no me correspondiera abrirla, puesto que yo no soy él, y lo lógico habría de ser que durmiera la paz de los muertos, que era adonde estaba dirigida, y ninguna cosa me parecía mejor que enterrar junto a la tumba de mi tío la correspondencia que pudiera llegar a su nombre, y si era yo su destinatario no otra cosa que un sentido pésame contendría, con lo cual podía evitarme cualquier curiosidad en torno a ese asunto; me sobraban las condolencias. Esta vez oí el murmullo de la agitación en las hojas y lo atribuí a una propuesta de los libros, como si quisieran decirme que cavilar sobre otras suposiciones no estaba de más. ¿Qué otras suposiciones?, les inquirí. Y púseme a pensar, pues pensando me oyen ellos mejor que cuando hablo, como ya he dicho. Era posible que la carta del padre Bizzarri estuviera dirigida a mí, a pesar de que no figurara en el sobre el apellido materno que distingue a un Etelvino de la Sota de otro, ya que en Roma desconocen el uso del apellido materno, y que en la carta requiriera de mí testimonios y papeles que mi difunto tío le proporcionaba, acaso documentos del tal Pardellas y Moreiras y no de Manresa, porque de Manresa no debió de hablarle nunca. Pareciéndome tan probable esta última suposición, me puse en pie y lo conté despacio, pues soy de la opinión de que sólo existe aquello de lo que se habla, y al advertir la protesta de los libros, que son letra muda y algunas veces crujir de hojas o revoloteo, hube de convenir con ellos en que también existen las cosas porque están escritas. Lo de contarlo despacio es otro asunto, y eso va de mi cuenta, vive Dios, porque ya he dicho que soy lento en todo y además lo que se ha de decir de prisa no me parece que sea cosa de fundamento. También la carta la abrí despacio, como quien teme que de ella pueda surgir un nuevo laberinto, y según la iba leyendo me surgieron otras dudas, porque las diversiones de mi tío causaban al alma del fraile no pocos trastornos y aunque no temiera él por su alma, algo sí temía yo por ella, porque Dios estuviera ya pidiéndole cuentas a él con mucha severidad, aunque yo también sea descreído. Lean si no la carta que el fraile le dirigía a mi tío y que terminó en mis manos por causa de su muerte. Entenderán al leerla la razón de mis temores.

Fray Carlo Bizzarri a Etelvino de la Sota, 26 de enero de 1746

Mi dueño y estimado amigo De la Sota: si en tanto tiempo no le he escrito es porque muchas artes tiene el diablo para poner tinieblas donde hay luz, y también para hacerlo al revés, que al cabo parece verdad lo que es mentira y mentira lo contrario. Así pasa con vuestra merced y con cuanto me cuenta: que leo sus misivas y en seguida estoy cayendo en la trampa de darlo todo por cierto. Hasta que de pronto me pone Dios la mano en el hombro y me advierte. Me presento culpable ante el Señor, porque dar por verdad lo que algunos papeles apócrifos cuentan o lo que la maldad ha ido convirtiendo en tradición es para cualquiera pecado, y lo es más para quien como yo ostenta un sagrado ministerio. Yo le digo al Señor que comprenda la seducción de las fábulas de mi amigo, y Él me escucha, y siento la caricia complacida de Dios cuando llamo fábulas a los relatos de vuestra merced, escucho la risa divina. Luego oigo su voz que me dice que advierta con cuidado que lo peor de mi amigo es lo peor del demonio, que no se ven la mentira y la verdad, una por una parte y por otra parte la otra, sino que todo son verdades o mentiras a medias. Y entro después en la desesperación y para recuperar la luz acudo a la disciplina y fustigo mi cuerpo y el dolor me trae de pronto la razón que me aconseja no escribirle más ni leer lo que me escribe. En ésas estoy cuando para mi desgracia he de recordarme que soy abogado del diablo en este proceso y que por eso mismo ha de entender el Señor que si bien no he de dar por bueno todo lo que me cuenta vuestra merced tampoco he de hacer lo mismo con lo que las almas piadosas cuentan de monseñor Lequerica. Noto de súbito el placer de la mirada comprensiva de Dios, pero también su cautela, y por la boca de mi confesor la voz del Altísimo mandándome separar el polvo de la paja. Poner el polvo a un lado y la paja al otro dice el seráfico padre Miele, separando montoncitos imaginarios con sus manos, tan pequeñas y tan ágiles, y llevando las manos de aquí para allá, que es la ardua tarea de un abogado del diablo, y cosa dura es y muy trabajosa este oficio de abogado de quien es el peligro sobre todos los peligros: Satanás. Tanto es así que a veces, imaginando los impedimentos que el diablo pueda poner a cualquier evidencia de la santidad, parece que el diablo me posee y he de tener a mano la disciplina para que el dolor destierre de mí cualquier atisbo de posesión. No le falta razón al padre Miele cuando afirma que ni todo está en los libros ni vale todo lo que los libros demuestran, porque con eso mi confesor me quiere indicar, con la delicadeza de un alma noble y sutil, que el peligro de pecado está sobre todo en dar tanto mérito a las cosas que quedan escritas. Y es verdad que yo les doy mucho mérito. Dice, además, y tampoco le falta razón en esto, que son las almas de mucho leer y mucho talento las que la Iglesia elige para promotores de la fe y, en cambio, son almas cándidas las que destina a postular las causas y a defender las santidades. Tiene razón el padre Miele en ese halago, pero de esta razón me viene el convencimiento de que los libros y el talento nos condenan y vuestra merced y yo sentimos por ellos una admiración que se parece en mucho a las que Satanás despierta. Vuestra merced lo tiene más fácil, puesto que al no ser hombre de fe no la siente amenazada y se holga en risas y chanzas que a veces me contagia, aunque yo las rechace levantando en alto un crucifijo por mi celda y tomando con la otra mano el hisopo y regando agua bendita para que las ocurrencias de vuestra merced se alejen de mí como es necesario. Pero pienso que los dos sufrimos de tanto conocer y que alguna vez habrá maldecido conocer tanto, pues el conocimiento, ya sea en un cristiano como yo o en un incrédulo como vuestra merced, trae más dolor que otra cosa. La ignorancia, mi estimado amigo, es dichosa. Cuando no la fecunda la fe es buena, sin más, y cuando la fe la fecunda es pura santidad. Mana de ella el prístino olor de la inocencia y quienes la reciben la abrazan con confianza. No sucede lo mismo con el talento, pues el talento pone en los ojos despiertos la mirada del sátiro o, como muy bien acusa mi confesor, miradas distintas: la oblicua, la irónica, la desconfiada, la vigilante y tensa, la mirada del búho acechante o una mirada que él no supo definir y que dice que es como una mirada de la noche, pero que viene de noches y noches atrás y se hace misteriosa y satánica. «Cuidad vuestra mirada, fray Carlo», me advierte.

Dios guarde a Vm. muchos años como deseo.

El diablo me puso la sonrisa en la boca, pensando en los líos a los que mi tío habría sometido al fraile, lo que por lo visto le había hecho interrumpir su relación epistolar que reanudaba ahora para mi gozo. Y oí tal jolgorio entre los libros que tuve por cierto que les había contagiado mi diversión. O acaso ellos a mí. Bien porque todo esté escrito en sus propios cuerpos o porque se adelanten a veces al pensamiento de los mortales, lo cierto es que estaban celebrando ya lo que a mí se me acababa de ocurrir: que aquella diversión de mi tío que daba un ímprobo trabajo a su imaginación bien podría ser a partir de ahora una obligación y un gusto de éste su buen sobrino y heredero. Traería problemas a la salvación de mi alma, mas tiempo había aún para preparar ese trance. Miré a los estantes y supe pronto que con la ayuda de los libros podría yo emprender semejante tarea, si es que conseguía imitar la letra del muerto y poner el tono de amigos de viejo que en sus cartas había, con el tratamiento que un amigo merece aunque de un religioso se trate. Y mientras lo pensaba, púseme a garabatear sobre un pliego con una plumilla que tenía a mano y comprobé que no era negativo el resultado y que, muy al contrario, la mano andaba diestra, como si mi propio tío me ayudara en el empeño. Lo que se me ocurrió decir, sin dar cuenta al fraile de la muerte de mi tío, callándomela a posta, puesto que yo era él, y eso estaba decidido ya con el consentimiento de los papeles, es lo que vuestras mercedes podrán leer a continuación si lo pongo por orden. Y de lo que el fraile me dijo también sabrán, aunque sólo hasta donde se pueda saber. Porque en lo que mi tío dejó ayuno al fraile fue en lo mucho que le concernía saber después de lo que contó sobre la fundación de Vitria el tal Antona, al decir de Manresa, que era mi tío, y ni el padre Bizzarri consiguió identificar al tal Antona entre los suyos, ni yo entre los muchos papeles que rebusqué por comprobar hasta dónde mentía mi tío por boca de Manresa, con lo cual, de no expurgar yo en mi magín y dar crédito a mis propias revelaciones, nuestra relación, o sea, la de mi tío con él, corría el peligro de quedar interrumpida. De modo que me puse a escribirle como el Etelvino de la Sota que yo era y soy y con el olvido de mi difunto tío, tal como convenía a mi derecho a gozar escribiendo, el que me otorgaba su herencia, y a la obligación de hacerlo que por heredero tenía, pues de haberle dado a Bizzarri razón de la muerte de Etelvino de la Sota, el viejo, otro hubiera sido el cantar y la verdad estricta hubiera podido tornarse en serio inconveniente.

Etelvino de la Sota a fray Carlo Bizzarri, 3 de mayo de 1746

Diome por ir al Aljarafe un día, mi dueño y amigo, por encomienda particular, para investigar en unos papeles que no vienen al caso y que se hallan en el santuario de Loreto. No se apreste de súbito vuestra merced al alborozo creyendo que hallé allí los documentos que nos faltan, a partir de donde Antona dejó de contar, porque sólo vi notas que pudieran ser de un fraile innominado sobre asuntos de Vitria, sin que fuera Vitria lo que le importara especialmente al fraile, ya que a santuarios marianos se refería con desorden y entre ellos al que más dedicaba era al de Santa María de la Rábida y otro poco más al de Nuestra Señora de Loreto. Y se da a un cierto desvarío el cronista situando el monasterio de Nuestra Señora de Regla, que cuida mucho de distinguirlo de otro más pobre y esmirriado que hay por las costas vecinas de Chipiona. Dice que este monasterio, que es *Real*, y lo aclara con mucho retintín, como si lo hiciera por fastidiar a los de Chipiona, no acaba en sus propias paredes, cercadas por amplios huertos y por los ciegos muros de las celdas, y que son todas las puertas de los claustros mezcladas de estilos, provenientes de tiempos y espacios muy distintos, aunque para mí que son todas iguales. Pasa otro tanto con las verjas de hierro, según el fraile, aunque la mayor parte de ellas están hechas por las recias manos de herreros y forjadores que fray Juan de Lequerica se trajo de Castilla, sin que vuestra merced y yo sepamos que Lequerica hiciera otra cosa que pasar de largo por Castilla, y que los jardines solitarios para el buen retiro y las hermosas alamedas fueron cosa de jardineros de Córdoba y Granada, que los había allí con buen gusto. Después dice que la iglesia del monasterio tiene delante una plaza y, o bien miente el fraile, o vuestra merced y yo no hemos visto lo mismo, pero sí dice que el pórtico está lleno de cenefas con alegorías, repletas de ángeles y héroes, y luego representaciones muchas de milagros y apariciones y que se cuentan en la piedra epopeyas increíbles. Y en eso estamos de acuerdo porque lo hemos visto, aunque no en todo lo que se vea haya que estar de acuerdo ni tengamos que ver con precisión aquello en lo que no tengamos diferencias. Dice además que el monasterio se prolonga hasta las murallas, y dice bien, aunque no se prolonga de modo fortuito, porque Lequerica puso las murallas donde quiso, más acá de donde estaba la última casa de Ventiscas, y dicen en

Ventiscas de la Frontera, el poblado que se alza por el otro lado, dando la cara al camino que lleva a Cádiz, que puso la muralla lo más alto que pudo y bien cerrada a Ventiscas, siendo tan hermosa, para no tener la tentación de mirarla, de tan malos recuerdos como guardaba de la villa en la que vivió su infancia, y puso por eso al monasterio mirando al mar y a África. Al mar, porque su ambición, dijeron los que mal lo querían, era tan inacabable como el mar, y a África para que mirara la Virgen a los paganos por derecho y los atrajera a su redil. La verdad es que desde que entronizaron a la Virgen de Regla en su camarín, en lo más alto de la gran loma que se desplaza hasta la playa llamada de El Palmar, han cesado los días de calima, y no así los vientos, que terminan por hacer desvariar a todos más de lo que es costumbre, pero por no haber calima se ve África siempre, y por eso mismo estuvo nuestro buen Lequerica por llamar Virgen de África a la que siempre se llamó de Regla. Acaso fue lo único que le negó la Santa Sede, pues ya había en África una Virgen muy hermosa que así se llamaba, y para repetir nombres ya el de Regla era una repetición, que no estando a muchas millas como no estaba, podría traer conflictos entre pueblos, cofrades y devotos. Vuestra merced dirá que si el viento hace en Vitria desvariar habrá que encontrar entre los desvaríos las cosas que sean de fiar, y no se equivocará, porque el viento trae desvaríos por ratos y amaina a veces y se es más cuerdo entonces que si no se hubiera desvariado. Lo cierto es que si pregunta en Vitria si el santo obispo —dirá así y no de otro modo, porque de otro modo no se lo admitirán— tuvo ambición comparable al mar que desde allí tan ancho se ve, le dirán que eso es cierto, y que por serlo, si se fue por mar es que allí, en Vitria, quedó el virtuoso, y que el ambicioso está en otro lugar. Y al decir otro lugar ni lo nombran.

Pero sigamos con el fraile de Loreto y sus detalles, interesado como supongo a vuestra merced en este hallazgo y lamentándose de que me vaya yo por los cerros de Úbeda, porque le sobran al fraile descripciones y son éstas a veces de gran capricho, ya que se da a decir que es aquella colina la más fértil y hermosa de cuantas tiene el páramo y sólo ve él encinas y alcornoques y no ve olivos como ven otros. Y dice más abajo que los muchos árboles que allí hay, aunque enanos muchas veces para que África y el mar no dejen de verse, rompen la monotonía de un mapa de cenizas y cualquiera diría que está viendo la misma tierra en la que se complacía a la postre quien la vio tan yerma de primeras, el bienaventurado Juan de Lequerica, y que tanto vuestra merced como yo hemos visto verdeando siempre y con almendros tan altos y tan florecidos en primavera, a pesar de ser antiguos, y mucho lentisco en tres colores por lo menos, y acebuches.

Ya sé que vuestra merced quiere saber poco de paisajes y que le parecen adorno muchas de las cosas que le cuento, porque sólo de historias en las que tienen que ver los hombres y los frailes, y Dios con ellos y hasta en sus prodigios, está hambriento, pero haría bien en entender que los paisajes son unos u otros porque Dios tiene sus caprichos y da más agua a unos que a otros, y que cambian según el gusto y los pesos y el esfuerzo que cada cual ponga en cambiar el paisaje, y que si cambia el paisaje es por algo, porque la naturaleza, y parece que estoy dando lecciones a vuestra merced que sabe tanto de la Creación, está muy cambiada desde que Dios hizo el mundo, pero siempre con el consentimiento de Dios, eso sí. Así que dice el fraile que sólo vio por allí alimañas y animales furtivos, agarrotados por la sed, o alacranes y larvas que daban señales de vida en un terreno calcinado por el que cruzaban peregrinos y aventureros, a veces entre el fango, y tengo para mí que a este fraile le trajinó el viento las entendederas y vio lo que quiso ver, porque vuestra merced y yo hemos visto por allí aves que iban y venían de sitios extraños en tropel bullicioso, con plumajes tantos y de tanto colorido como para dar y regalar, y que iban y venían en sus fechas y no a la buena de Dios, y si volvían digo yo que por algo sería, que tontas no eran, y vimos también gaviotas hambrientas que subían de El Palmar hasta el monasterio y adornaban aquellos cielos claros con sus vuelos, como si trajeran recados a la misma Virgen de Regla, aunque ya sabe vuestra merced que las gaviotas, que parecen tan hermosas al volar, son como algunas mujeres: unas pobres muertas de hambre con gran postín que van prestas a donde hay comida y no atienden a otros recados, porque de las aves que Dios puso entre la tierra y el cielo deben ser de las más tontas aunque, como todas ellas, precavidas.

Que diga después el fraile sin nombre, y si yo fuera tan imaginativo como dice vuestra merced ya le hubiera puesto uno, que toda la ciudad es un recinto conventual, mentira no es, mas puede ser verdad a medias, porque no hay dentro de los conventos, aunque a veces sí, tanta estancia palaciega. Bien es verdad que son por fuera austeras, y si el fraile las vio sólo por fuera, y no como yo, que las he husmeado bien por dentro para calcular sus lujos, pues dice lo que el viento le ha dejado decir y no miente. Y el viento no le trastornó tanto la razón como para que no advirtiera que de los linajes que testifica la piedra una buena parte vino de ultramar y no de lo mejor de la Corte, y esto de la Corte y su bonanza lo he puesto yo de mi cuenta, para darle a entender lo que ya sabe: que eran gentes con títulos de dudoso origen y que a algunos de ellos les consiguió el título por la Iglesia el propio Lequerica, y frailes franciscanos, empeñados en la heráldica, y no yo, han sospechado primero y han afirmado después, que eran títulos inventados como el que el propio Lequerica otorgó al arquitecto Montero. Lo hizo venir de Sevilla para construir el palacio de los Requena, que se decían marqueses sin serlo, y cuya casa levantó en una finca que por tradición se llamó «La Rosa», y que estando en Vitria estaba en el pago que llamaban de Catalina Pérez. Y Lequerica sostuvo, y así está documentado en cronicones dispersos, que se llamó «La Rosa» porque coincidiendo con un 2 de agosto, que es cuando la Virgen de los Ángeles se apareció a vuestro padre san Francisco, y cuando se celebra el jubileo del perdón o de la Porciuncula, florecieron rosales allí donde no había. No dijo que por su madre, que Rosa se llamaba como cuenta Manresa. Así que el pago se quedó sin el nombre de Catalina Pérez, como estaba en los mapas, que a saber quién era aquella Catalina, y le puso el obispo fundador el nombre de la Porciuncula y el de su propia madre y, puesto a dar nombres y honores, Lequerica llamó conde de la Rosa al arquitecto Montero por lo que se supone simpatía, pues teniendo tantos dones el obispo para imaginar las casas y dibujarlas nunca se le hubiera ocurrido hacer una tan sobria y tan luminosa a la vez, dijo, pasando luego a ensalzar la luz de los ojos de Montero, que los tenía grandes y con mucha pestaña. Ya ve que parece que habló de arquitectura y paisaje y a lo mejor entre tanto estoy hablando de virtudes y debilidades de Lequerica, y en esos modos de honrar a quienes admiraba o agradecía algo, vea cada cual lo que hubiere, si defecto o virtud. Virtud no halla vuestra merced en que la mayoría de estos nobles fueran nobles postizos y casi todos venidos de lejos, pues de cuanto más lejos viene la gente más difícil es saber de dónde viene, y digo yo que pensando así seguramente piensa vuestra merced que dime con quién andas y te diré quién eres.

Etelvino de la Sota a fray Carlo Bizzarri, 15 de agosto de 1746

Mi dueño y estimado amigo: celebraba vuestra merced en el correo pasado que con la edad me torne yo mesurado y hable con otro sosiego como ahora, aunque me refiera a cosas y documentos de los que nunca hemos hablado. Pero no teme por eso y me pide que escriba y escriba que ya elegirá de todo lo que convenga a la beatitud de monseñor Juan de Lequerica, si es que alcanzara éste la gloria de los altares. Es lo que me pasa a mí con los murmuradores de Vitria, que siempre los hubo allí en buen número y son más con los años, que de lo mucho que hablan ellos entre sí o conmigo me quedo yo con un poco y el poco con el que me quedo de mucho me sirve. Me pregunté más de la cuenta por qué hablaban tanto y con tanta fantasía, y de tanto averiguarlo ya sé las razones que tienen para decir lo que barruntan, y lo que barruntaron los suyos sin que nunca llegara a saberse si fue verdad entera o verdad a medias, que a veces las medias verdades lo dicen todo. No hay nada mejor para dar gusto a la lengua, fray Carlo, que acostumbrarse a ver rarezas y prodigios y tener la certeza de que hay que contarlas, porque cuanto más piensa uno que hay que callar más ganas dan de hablar y se empieza hablando de lo que se vio y se termina hablando de lo que uno se imagina. Ya estará pensando vuestra merced que esto que digo es lo que me pasa a mí, y a veces es verdad que me pasa. Mas la culpa de eso la tiene vuestra merced que, con el juicio severo que no ha mostrado el Santo Oficio, pone trabas a mi lengua como si fuera yo un moreno.

En Vitria llaman «moreno» al que mucho murmura, y todo tiene su porqué. De Santa María de la Rábida mandaron a Vitria en tiempos de Lequerica a un lego que en el mundo tenía el nombre de José y en religión tomó el de Ramón, y parece que lo mandaron castigado por lo mucho que se daba a hablar de sus hermanos y con gusto particular de los que se inquietaban en cualquier sentido por la entrepierna, fuera o no verdad que se inquietaban, pues a todos el lego los encontraba inquietos por las partes bajas. Y porque a veces era verdad lo que decía y otras era mentira, pero molestaba a sus superiores las veces en las que era verdad, lo mandaron a Vitria a santificarse. Monseñor Lequerica fue compasivo con él de primeras, que el mismo frailucho contaría con el tiempo algunas confidencias que le hacía el prelado sin que se sepa bien hasta dónde se las hizo y hasta dónde no. Pero por mucho que Lequerica se confiara en él, más se confiaba él con Lequerica, de modo que lo hacía reír con sus chismes, y de buen entretenimiento le servía contándole, por poner un ejemplo a vuestra merced y tan sólo uno, cómo entraba en el convento de La Rábida doña Matilde Alodia del Valle, disfrazada de fraile y con el pelo recogido dentro de la capucha, una noche tras otra, y retozaban el prior y la dama hasta un poco antes del alba y si era noche de luna llena no respetaban ni la hora.

Lequerica rió mucho con el lego y lo tomó para su asistencia y se cuidó de que asistiéndolo a él cumpliera su penitencia, y no en menesteres de sacristán, de fregachín o de porquero, que éste sí que hubiera sido un buen menester para quien se daba a oler en las vidas de sus prójimos y a contar después a qué olían. Claro que cuando veas las barbas de tu vecino pelar pon las tuyas a remojar, y dirá vuestra merced que a qué vienen los refranes, y los refranes siempre vienen a cuento de algo, porque mucho poner orden en las risas de los demás y las risas de Lequerica eran desordenadas por la noche y por el día, de todo lo que le contaba fray Ramón Moreno. Lo peor no es que se oyeran las risas por la mañana temprano, y antes de la oración o a la hora del ángelus, delatando a Lequerica porque no rezaba el ángelus y se daba a lo prohibido como pecado, la risa, y en las noches dando a entender que no dormía o que dormía poco y en todo caso sin dejar dormir a los otros. Lo peor es que en esto de las risas se sabe dónde empiezan y no dónde terminan; de mucho reír viene después el hipo, y los flatos, y esos gases que producen estruendo bajo el traje talar y no siempre de modo oportuno, y además, mire, cree que se le olvida una gracia, aquel disparate del lego que se orinaba en la cama y corría a contar el prodigio por la mañana como cosa de los ángeles, meones en La Rábida según la invención de fray Ramón; se le olvida la gracia, digo, y un día en misa, en una de esas fórmulas rituales que se repiten en latín y de memoria, cuando casi siempre se está pensando en otra cosa, recuerda de pronto la gracia, y mire por dónde la risa le viene y no la contiene, y con la risa el orín, y ya tenemos una risa que bien podría conocerse como irreverente o sacrílega por haber reído el celebrante en misa o mientras se consagraba. Con todo, eso no tiene nada que ver con el refrán de las barbas del vecino, que en lo que el refrán tiene que ver es en otra cosa y esa otra cosa es que cuando el lego vino de La Rábida contaba cosas de La Rábida, y en paz, pero cuando llevaba algún tiempo contándolas, y acabándosele el repertorio, se dio a contar cosas de Vitria: unas eran las que le contaba a Lequerica de los otros y por él supo monseñor cuánta algarabía de entrepiernas había en su propio convento, cómo se regocijaban sus frailes en las hendiduras o en las protuberancias que crecen o menguan según lo quiera el diablo. Aquí sí que le bajó la risa a Lequerica, y empezó a mandar a La Rábida, no en justa compensación porque los envíos eran descompensados, a los alegres por las partes bajas, ya fuera verdad o mentira del lego que se alegraran tanto. Lo peor vino cuando los que se marchaban empezaron a contar, no sin reparos y extremando los pudores, las cosas que el lego contaba de Lequerica no sólo a los demás frailes sino en los patios de las casonas donde el vino que le ofrecían las damas venidas de ultramar le recordaba lo que sabía, con mejores relieves, y tanto le animaba la cabeza que no es que nadie piense que fuera capaz de inventar tanto, sino que exageraba con sus suposiciones.

No diré más a vuestra merced, que ya le he dicho mucho más de lo que pensaba. Cuando se lo cuente a Su Eminencia pondrá reparos a lo que digo, pero sabrá entenderme. Lo que pensaba decirle era poco, sabiendo que a vuestra merced no le interesa sino lo que está escrito, y esto me lo contaron a mí de viva voz los que lo habían oído a sus mayores, y para el caso, sin estar documentado, es como si me lo hubiera inventado yo mismo, dirá vuestra merced. A veces siento como si me lo inventara, cuando veo que la pluma vuela y no la puedo contener yo, como no se contenía el lego con su lengua y hacía que se les escapara el orín a las señoras de tanta risa, risas que tanto divertían a las foráneas, pero con la irreverencia de contar de su obispo lo que no estaba escrito, y dirá vuestra merced que si no estaba escrito no sucedía, y a veces también a lo escrito le pone trabas, como es el caso de lo que se tomó el trabajo de escribir el fraile de Loreto.

Bien veo que con vuestra merced es difícil de acertar en lo que os vale y en lo que no, en lo que le gusta y en aquello a lo que pone reparo. Más claro es en todo Su Eminencia. Unas veces me dice que me corto la lengua y me quedo a medias y otras veces estoy escribiendo e imagino a vuestra merced mandándome a callar porque teme que de un momento a otro olvide el respeto que la condición sacerdotal de vuestra paternidad merece y se detiene entonces la pluma como si a un mandato divino obedeciera. Pero si el oficio de vuestra paternidad, y así lo trato ahora en consecuencia, es encontrar al diablo por donde el diablo merodea, que por algo le han nombrado abogado del diablo y no del santo, digo yo que tendrá que hacer de tripas corazón y oír lo que no le gusta más que lo que le gusta. Esas cosas pasan con las maniobras del diablo.

Yo le insisto en que nada cobro por ayudarle y si quienes me conocen me tienen por pillo, por mejor pillo me tendrían si hubiera conseguido yo esquilmar a un fraile, pero me doy por contento con que no me pida limosna alguna, según es costumbre de vuestra paternidad y de los suyos, y me regale el placer de confundirlo confundiéndome yo con vuestra merced. Y con el diablo.

Etelvino de la Sota a fray Carlo Bizzarri, 4 de octubre de 1746

Teníame hecho el propósito, mi dueño y estimado amigo, de no escribirle más y que con mi silencio viera en claro que harto estoy yo de los reproches que me hace de fantasioso. Y también harto de escribir a veces como quien escribe para nadie. O como quien lo hace para que venga después el lector a apalearlo o a afearle la conducta. Pero yo soy débil de carácter en todo y mucho más débil si lo que me propongo es callarme, así que me ha bastado ver, no el arrepentimiento de vuestra merced por el trato que me inflige, que los de Umbría son como los de Castilla, altaneros y parcos, sino una cierta y velada forma de adularme, festejando conmigo, para mi sorpresa, los rumores. Parece que de pronto los pocos rumores que le he contado le hubieran despertado las ganas de más rumores, y al fin parecía que en vez de ser vuestra merced fuera otro, quejándose, sin quejarse, de que lo dejara a medias, y sin reprocharme que le dejara con las ganas que le dejé. Comprobado lo comprobado, aquí estoy de nuevo.

Me cuenta vuestra merced que se halla solo y poco comprendido y me pide disculpas en nombre de la amistad por la confesión que me hace: dice que echa al diablo fuera para desahogarse y que cuando lo echa le sale a vuestra merced por la boca fuego. Esto me parece premonitorio de algo que yo le dejé de contar en una epístola anterior sobre este asunto de la boca de fuego.

Pero yo le escribo y vuestra merced a mí, no para hablar de nosotros y de lo que nos pasa, que tendría entonces que contarle lo que de verdad me pasa con Satanás, aunque haya licencia a veces para esto por mor de la amistad, sino por su oficio de abogado del diablo en el proceso de beatificación de monseñor Juan de Lequerica, y es de él de quien debemos hablar, aunque haciéndolo me detenga yo, a veces, como vuestra merced denuncia, en cosa pequeña, pero de las cosas pequeñas gustaba su seráfico padre san Francisco, y no por seráfico, sino por listo, porque muchas veces lo pequeño explica lo grande. Así pues, el lego Moreno, que existir existió porque está en los registros de la Orden, no es cosa pequeña ni grande, pero sí fue grande el prodigio de que se le viera fuego por la boca, y no por los ardores de estómago que padecía, sino porque de tanto hablar mal, con poca propiedad y desvaríos cada vez mayores, dicen que lo delataba el mismo fuego del infierno que tenía en el vientre y que por la boca le salía. No era un alquimista, como el demonio —por descreído, aunque no estoy seguro yo de que el demonio lo sea— le dará a entender en seguida; ni hacía juegos de magia, como es seguro que el demonio le estará indicando ahora. Era un poseído.

Tardó Lequerica en darse cuenta y cuando lo vio abrasarse por la boca, fue cuando mandó a buscar a los frailes que había enviado él a La Rábida, mas ni los superiores quisieron devolvérselos, de tan piadosos y eficaces como eran, ni ellos quisieron volver por temor a quemarse con la lengua de fray Ramón.

Si tiene vuestra merced relaciones con el diablo, me doy a pensar yo ahora, ingenuo resultaré al contarle sus fechorías. Ya se las contará él en su celda, mi querido amigo, que si en cuarto de burdel se festeja Satanás a sí mismo, el cuarto de burdel es como su casa, y no así una celda de convento que para él es más, es decir, la tierra conquistada. Le habrá contado, pues, lo que dispuso Lequerica que hiciera el lego hablador, y no fue mandarlo de porquero, como yo creo que se merecía, sino a destino más blando, y lo hizo acaso porque no se le desenfrenara la lengua más de la cuenta, aunque no había cuenta ya de tan desenfrenada que la tenía, diciendo como decía que al tener el dolor en parte innombrable poníale las manos Lequerica en el dolor para quitárselo, sin que lo aliviara, y no así cuando el dolor se le asentaba en la cabeza y no en sus atributos.

Lo mandó, y ya lo sabrá vuestra merced por el diablo mismo, a cuidar de las cabras, que entre todos los animales que poseía el convento eran las más queridas por Lequerica, y en sus cuernos en lugar de representársele el demonio veía signos de divinidad, y digo yo que por algo sería. Reía el obispo con las cabras con el mismo sin porqué que lo hace nuestro amigo el diablo con las putas. Sólo que las putas le siguen la corriente al diablo y no así las cabras al obispo. Las risas episcopales estimulaban a las cabras o las hacían presa de los nervios y ya se sabe que son animales que se parecen a las mujeres en que según sople el viento así están ellas, unas veces que no hay quien las mueva de pacíficas y hasta haraganas, como haciéndose de rogar, seductoras, y otras, bien es verdad que cuando el viento sopla de levante, que ya sabe vuestra merced que en Vitria sopla casi siempre de ese lado, dándose con los cuernos en los muros, en los troncos de los árboles y en todo lo que encuentran por delante, que a veces lo que se encontraban era al obispo toreándolas por juego y se iba Lequerica llorando de dolor a sus aposentos y a cuidarse con fomentos los rasguños en las nalgas, un poco en el peroné y mucho por encima de las ingles.

Mas querer a las cabras, las quería, y por eso le dijo a fray Ramón que lo ponía al cargo de animales con alma y no de animales tontunos. Les vio el alma el obispo, y esto es de agradecer por lo que a todos nos toca, en lo que las cabras tienen de locas. Mas si de verdad tenían alma, las cabras se darían cuenta en seguida de que les habían puesto al mando de su rebaño a Satanás. Debieron de caer en la cuenta de que así era el mismo día en el que se hizo cargo de ellas aquel lego y empezó a hablarles tanto, y de todo y de todos, que ya no podían las cabras con sus cuernos y se daban con éstos, hubiera muro o no; se daban con los cuernos en el puro aire, que parecía que con los cuernos cortaban al viento mismo y aullaba más el viento entonces.

Al verlas así, Lequerica pensó al pronto que el diablo se hubiera hecho con ellas, porque tenía el pronto de atribuir al diablo cualquier desorden, como es bien sabido y gustaba de presumir de ello, mas no tardó en dejar de pensar esto o en cualquier otra cosa, de la mucha risa que le daba ver así a las cabras y al viento huyendo de ellas. Y de pronto prestó atención de nuevo al fraile parlanchín, mire por dónde, aunque ya hacía tiempo que ni para bien ni para mal lo escuchaba, y le estaba diciendo el fraile a Lequerica en ese momento que aquellas cabras lo que necesitaban era prado y camino para desahogarse. Se lo dijo por tomar él el camino con las cabras, y desahogarse él, que es lo que quería, pero a Lequerica le pareció que decía verdad en aquel instante, y sin recordar que las más de las veces lo que decía era mentira, hizo con la cabeza como que estaba de acuerdo. Cuando se retiraba Lequerica, seguramente lleno de majestad, porque nunca la abandonaba (cierto, además, en que había puesto de ese modo otra cosa en su sitio), quiso que fray Ramón tomara un cazo e hiciera caer en él la leche de una cabra blanca por la que tenía más estima que por las otras, y de otra cabra que llamó *Francisca* por una mancha tan marrón como el hábito franciscano y que la cabra llevaba lujosamente en el lomo; miró después al horizonte, pensativo, y el fraile le preguntó al obispo cuál era la tercera, porque estaba seguro de que había una tercera de la que el obispo quería leche ordeñada, y así era, y Lequerica abandonó aquello en lo que estaba pensando, que seguramente era en la cabra, y señaló una tercera, negra como el azabache, mitad cabra y mitad cuervo, dijo, y después viendo cómo pasaba fray Ramón sus manos toscas, ásperas, gorda una y huesuda la otra, como si fueran manos de distintas personas, por las ubres tersísimas de las cabras, empezó a dar brincos muy impropios de su dignidad episcopal, según contaba un viejo en la taberna, al tiempo que decía en disculpa de Lequerica que ya sería menos si era Moreno el que lo contaba, que como tal Moreno se conoció para la posteridad al fraile. Añadió el viejo que, en todo caso, Moreno no era quién para decir qué era lo propio en el santo, que los santos son locos a su manera y que Dios perdonara a Moreno.

No sé si Dios lo habrá perdonado o no, aunque más

que por eso tendría que haberlo perdonado por otro asunto: aprovechar las cabras para pasear por la villa, y no por el campo, como había convenido con Lequerica, y por robar al convento lo que del convento era, la leche de las cabras, que se puso a venderla, casa por casa, ordeñándolas delante de los que le pagaban por las medidas de leche que él mismo se había hecho y con las que iba ganando buenos reales a escondidas de sus hermanos en religión.

Pero de todo se enteraba Lequerica, y aunque tardara en enterarse de esto, terminó enterándose también. Fue cuando vio a las cabras flojas de leche y consumidas sus ubres. Y se enteró de más: se enteró de que el fraile apostaba a las cabras a las puertas de las tabernas y entraba en las tabernas para gastar lo que había ganado. Lo gastaba en vinos y en otras bebidas que le alteraban la cabeza más de lo que la tenía. Con la cabeza alterada, la cordura era menos y mayor el desatino, y no es difícil imaginar lo que el propio diablo habrá contado a vuestra merced: decía que en el convento no había hombría y que un olor a menstruación lo poblaba todo porque la mayoría de los frailes eran mujeres que se hacían pasar por hombres y que con los pocos hombres que allí había se escurrían a gusto por las noches, y puesto a contar por qué semejante disfraz, cuando lo que hacían se podía hacer lo mismo sin él, contaba lo que no está escrito, y seguro que no está escrito por lo largo que sería de escribir todo lo que contaba, hablando y hablando la noche entera. Hasta que se cansaban las cabras y volvían solas al convento, y él gritando después, gritando que se las habían robado.

Me canso yo de contarle esta historia, mi querido amigo, y no sé por qué, y en seguida sí que lo sé: porque mientras la cuento, me imagino al diablo adelantándose a lo que le cuento y cuando voy yo por la a ya está él en la c, por lo menos. Así no llegamos a ninguna parte, o llegamos a donde el diablo quiera, y lo que quiere el diablo es que monseñor Juan de Lequerica llegue a la gloria de los altares, aunque vuestra merced piense lo contrario. Mas ha de ser listo el diablo, o más listo que el Papa para no hacer de vuestra merced un instrumento, porque el Papa huele al diablo a lo lejos de tanto como se le acerca para hacerle carantoñas por lo poderoso que es el Papa. Si vuestra merced es capaz de alejar al diablo de sí por un momento, le haré una recomendación que podrá tener en cuenta: representar al beato Juan de Lequerica con una cabra a los pies, lo mismo que san Juan tiene un águila, y no es molesta, y san Marcos, un león, y no hace daño a los devotos, y al propio san Francisco le ponéis a veces al hermano lobo a los pies y no se come el lobo ni a los pajarillos que se posan en el hombro del santo y que para un lobo deben ser una provocación.

Me dice vuestra merced que pierdo el tiempo en legajos que no tienen nombre, y que si carecen de nombre de crédito carecen, pero si así es, dígale a sus frailes de Loreto que den al fuego los papeles inútiles y no habrá ingenuos como yo que los consulten. Porque si por apócrifos tiene los papeles del fraile sin nombre, para qué le voy a contar más, y en éstas me viene la duda de si no tendrá envidia vuestra merced de que haya encontrado yo papeles en convento suyo que no hubiera encontrado antes vuestra merced, y que además Su Eminencia le pregunté por qué, o si, por el contrario, los halló algún día y los olvidó con toda intención, porque bien sé que posee el verdadero censo de los que allí habitaron y que, por unas cosas o por otras, sabe de las riquezas que llevaron hasta allí, además de las que un día se dejó de saber y no se volvió a saber. Pero el fraile a su modo y, como quien no quiere la cosa, aumenta los detalles y escribe cómo se observaban unos a otros detrás de las celosías, que para eso estaban las celosías, digo yo, y siguen estando aún.

En la epístola anterior le refería, mi querido amigo, que sólo por fuera debió de ver el fraile de Loreto las casas para verlas tan conventuales, y no debió de ser así del todo, porque por lo menos a los zaguanes y a los patios se asomó, y dice que los zaguanes, que eran amplios, servían de antesala a los patios donde había plantas y aves exóticas, traídas de tierras paganas, y que sus habitantes, después de las siestas, en los días de la calor, se daban a hablar solos o con otros en aquellos patios, porque estaban hastiados de hacer riqueza y acumularla y entontecían un poco cuando dejaban de hacerla. Dice que venían a morir en paz como ya sabemos y que habían dejado en las tierras nuevas, inauguradas por ellos, muchos hijos y nietos y con los hijos y los nietos la ansiedad de tenerlos. Y algo que no está claro en otras crónicas aquí se dice: que traían con ellos esclavos, y a lo mejor, digo yo, que esto es de mi cosecha, uno de los primeros de éstos fue Oswaldo Vera, y quién sabe si venía cristianado ya y con ese nombre. Es de suponer, desde luego, que vinieran los señores resignados al acabamiento, y en eso no nos descubre nada el fraile, y tampoco es extraño que viniendo a morirse tuvieran las carnes medio entumecidas y se protegieran de las fiebres de la edad en las alcobas, como dice él.

Dice muchas cosas que sobran, como yo mismo las digo, y otras que no tanto, y si no, fíjese vuestra merced en un detalle curioso que no ha de pasarle inadvertido, y podrá ignorarlo si quiere, y es que las mujeres que traían con ellos eran mucho más nuevas que los varones, y siendo los vestidos de éstas bien bajos, y ajustados por donde debían y amplios por donde se recomendaba, alguna vez el viento haría de las suyas, tanto porque les levantara los vestidos como porque les hiciera perder la cabeza. Porque dice el fraile que exageraban los afeites más que las naturales del lugar y que los destellos de sus alhajas deslumbraban a los nativos. Y atienda a esto vuestra merced: que las ropas estaban todas bordadas en oros y con piedras, casi más que las que la iglesia poseía, que ya es decir, y que tenían gran maestría para hablar con unos loros de mucha plática que se traían en sus viajes, y que había loros que decían palabras de no repetir, y ellas, en lugar de afligirse con lo que los loros decían, se reían de un modo tan mundano, que tuvo que poner el señor obispo un orden en el modo de reír para que la risa no fuera pecado, olvidado quizá de lo mucho que había reído él mismo. Y no me diga aquí que miento ni imagino y juzgue con su superior entendimiento y el muy superior de Su Eminencia en estas cosas si hay virtud o no en un prelado que pone la risa en su sitio, porque la risa, y no le digo las cosquillas, bien sabe Dios que son a veces cosas del diablo.

Ya sé que otra vez he vuelto a salirme por donde no se me manda y le pido perdón por ello, mas no borro, porque tengo que seguir escribiendo yo de los loros, que si no son de su interés al menos conseguirán distraerlo y no van a ser estas cartas trabajo sólo sin diversión, porque quien se aburre no lee y no estoy seguro de que por no leer haya mucho aburrido. Pero en risas entré yo cuando leyendo al fraile supe que los loros eran tan extraordinarios que cantaban himnos de por allá y canciones nostálgicas y romances que alimentaban la melancolía de aquellas mujeres y, no se sabe pero se sospecha, que les traían el recuerdo de los placeres vividos en Ultramar, y en lugar de atormentarse ellas, porque estuvieran arrepentidas como se esperaba, bailaban consigo mismas, igual que locas, y se abrazaban a sí mismas como lo mismo.

Acaso eso sucedía ya por culpa del viento, dice el fraile de Loreto, que hacía con las mujeres como con las cabras, y se les revivían los placeres en una ciudad santa y no en un hospital para locos. Hace esa aclaración el fraile y aunque no lo supiera él no la hace a humo de paja, porque no por más moribundos hay menos locura, si el viento sopla con la persistencia que lo hace por Vitria, y en eso no estuvieron los antepasados de doña Luisa de Castresana y Villegas muy listos al comprar, o quién sabe si compraron barato por eso mismo, y tampoco estuvo muy listo Lequerica al aceptar las tierras, y perdón si hay irreverencia en esto, aunque bien pensado Ventiscas de la Frontera es tanta tierra de vientos como ésta, o más, pues al cabo Ventiscas no es otra cosa que el otro lado de Vitria, el que mira a tierra adentro.

Y, ya metido yo en suposiciones, si no fuera por el viento, ni los padres de Lequerica hubieran sido los que fueron ni Lequerica hubiera salido como salió ni los frailes son todos lo mismo si su virtud se forja mejor en tierra de vientos que en tierra de aires más calmados. Mas no he acabado yo con los loros, y no sé para qué sigo con ellos con lo poco que ha de interesarle a vuestra merced la historia de estos pajarracos, pero la vida de los hombres no se escribe sólo a través de los grandes prodigios, ni los santos son santos por sus grandes acontecimientos tan sólo, así que conviene saber que si Lequerica reprimió primero las risas desordenadas, y dio testimonio con ello de que tampoco cedía a todo lo que los ricos quisieran por mucho que hubieran donado, como siguieran los pájaros cantando mundanidades y profiriendo palabras malsonantes y hasta pecaminosas, mandó que se hiciera callar a los pájaros. Por poco interés que ponga vuestra merced en esta historia ya se estará preguntando cómo lo consiguió y pronto le aviso: siguieron los loros haciendo lo mismo que hacían, hablar mucho, incluso cantar, aunque no es esto un signo de sabiduría como ya habrá observado en mí mismo que al igual que el ilustrado Conte tanto hablo de lo que debo como de lo que no, si bien el ilustrado era sordo y yo tengo el oído despierto. Así que los loros hablaban, y cantar también cantaban, pero entender entendían poco, y ni siquiera de sus conveniencias, de modo que, cuanto más se les mandaba callar, más cantaban y parecían más groseras sus palabras. Lequerica, que nunca había visto un loro, fue a cerciorarse de la desobediencia, y aunque lo que lo llamó el loro, inopinadamente, fue puta, le pareció cosa milagrosa y por eso de gran respeto él habla de estos animales tan lujosos. Pero apesadumbrado por las palabras que decían los loros y otras muy raras que él no entendía, cayó en la cuenta de que el diablo también hace sus prodigios y resolvió darles muerte y no volver a dejar que entrara en Vitria ni uno nuevo.

Dice el fraile de Loreto que conmovió al santo obispo el mar de lágrimas de aquellas mujeres que lloraban a sus loros y que fue el marqués de Requena el que tuvo la ocurrencia de decirle que un animal tan hermoso no podía ser criatura del demonio sino de Dios y que lo que haría el diablo sería poseerles la lengua en todo caso, y pareciéndole razonable la conclusión, sugirió que se les cortase la lengua, y no estando nadie seguro de que sin lengua los loros no hablaran, decidió el obispo que con cuerdas les ataran los picos y sólo para comer les fueran desatados. Murieron casi todos, dicen que porque no respiraban bien, y así cualquiera encuentra la muerte pronta, sea loro o no, pero en el palacio de los marqueses de Requena el loro y la lora estaban cada día más lustrosos y hasta tuvieron crías. El fraile hace también su conjetura y dice que, importándole poco a la marquesa lo que el obispo dijera, metió a sus loros en el último patio, con el pico abierto, para que hablaran sin parar y repitieran procacidades que a ella, tan mundana, le daban gozo. Y pareciera que de mala gana escribe el fraile que había quien decía que era privilegio de aquella casa, otorgado por el prelado, mantener sus loros bien guardados de que se oyeran en la calle, pero oyéndose dentro. Y si en esto hay difamación que sepa disculparme Su Eminencia.

Etelvino de la Sota a fray Carlo Bizzarri, 4 de diciembre de 1746

Ahora escribo a vuestra merced y paréceme hablar con la pared o hablar a solas conmigo, como lo hacían los que iban a morir a Vitria en los días de calor, tal cual relata el fraile de Loreto que de tan poco fiar le parece. Siento como si me confesara con vuestra merced, sin mentar mis pecados, y que vuestra merced hiciera de paciente oidor, lo mismo que con las devotas que se postran de hinojos ante vuestra paternidad y le cuentan sus vidas, y de paso las otras, y bosteza sin disimulo hasta que esas mujeres terminan y les pone penitencia a capricho, con muchas avemarías, como si pusiera en una báscula sus pecados, para darles al final a besar la estola, después de que son absueltas. No digo que no ponga más el oído en lo que yo le cuento que en lo que le cuentan ellas, pero a mí en cambio me da el varapalo y no me manda a rezar penitencia alguna, que nunca he entendido que sea penitencia rezar mucho para los que gustan de rezar, y deja traslucir de hábil manera que no estoy en mi juicio tal vez por disculparme ante Su Eminencia que ya nos debe conocer bien a vuestra merced, a mí y al diablo. Y si no estoy en mi juicio a veces, no es porque haya vientos aquí donde me hallo. Estas tierras tienen ya su castigo en ser parameras y en que falte agua en ellas y sea tanta la que falta. Si el juicio se me descarrila por estos cerros llamados de Buenavista, lo doy por bien descarrilado porque son muchas las veces que viéndolo descarrilarse se me enciende el cerebro y la inteligencia no es timorata ni miedosa cuando habla, aunque vuestra merced sostenga que así la torna el Santo Oficio. Pero no se descarrila tanto el juicio como para que sea verdad su acusación de que el fraile innominado de Loreto no es otro que un doble de mí mismo, puesto a contar las cosas que yo he visto, mixturadas con las que he leído y con las que imagino, igual que si yo fuera otro Etelvino de la Sota. ¿Y si lo fuera?

Le ha faltado caridad, mi estimado amigo, en esa sospecha y de esa falta le absuelvo ahora, mire por dónde, y no necesito para eso ser confesor, y le absuelvo además de otra que es falta de confianza y si bien no es pecado reconocido es al menos una prueba de poca amistad.

Vea si soy indulgente que lo que veo en vuestra merced es un simple desapego del proceso de beatificación de monseñor Juan de Lequerica, y tanta es mi sinceridad, de lo mucho que le aprecio, que le voy a decir que este paulatino desinterés lo atribuyo yo a que le ha dicho Su Eminencia, que bien le mete el miedo en el cuerpo, que no se ande con más melindres de lo que son costumbre y que no son costumbre tantos melindres como los suyos. Pero podría ser también que se demorara un poco más el proceso, pues no gusta la Iglesia de las prisas ni se ha dado mucha en su historia, que es casi toda la historia, y que en consecuencia se halle vuestra merced un poco agraviado por dentro con Su Eminencia, aunque disimule por fuera con la obediencia de la que ha hecho votos, por el poco gusto que le da no culminar la causa y que la culmine otro cuando haya muerto vuestra merced. Y ruego a Dios porque nada de eso sea como lo he pensado, y menos que se le haya pasado por la cabeza su propia muerte, y que sólo sean imaginaciones mías lo que le cuento, quizá por mi resentimiento, que no lo disimulo, la verdad. Es posible que todo sea más sencillo: un poco de haraganería suya al ver que se complican las cosas para dar gusto al Papa, en quien aventura vuestra merced no devoción, porque no es de ley la devoción a Lequerica todavía, pero sí interés que pone la Iglesia en dar respuestas a los fieles que las demandan. ¿Es digno o no monseñor Juan de Lequerica de la gloria de los altares?, se preguntan. Y cuando la Iglesia se pregunta algo, estimado amigo, es porque se sabe ya la respuesta.

Por ahí tendría que empezar y no mezclándolo

todo, queriendo saber a la vez si Lequerica obró como los santos obran, que ya tiene todos los datos para saber que sí y que no y que según cómo, y además le ha dicho Su Eminencia que se deje de eso, y de querer saber al mismo tiempo cuál de los dos cadáveres es el verdadero: si el de Vitria o el de Santa María del Viento. Siendo como es vuestra merced ignoro por qué no le ha dado por pensar en que también es posible que ninguno de los dos sea el verdadero. Documentos tengo yo que darle a conocer para que le quepa esa duda, lo que pasa es que no le regalo yo las dudas así como así para que diga luego que me invento la historia y se lo diga a Su Eminencia, que a semejante conclusión no puede llegarse si no es demostrándolo. De todos modos, pondría yo un orden en las cosas y veo que vuestra merced no lo pone y consiste éste en ir primero y por derecho a cerrar la causa y a dar por beato o no a Lequerica, y si se ha de decir que no a su gloria, pues bien, que sean otros los que se ocupen de remover los cadáveres y cuantas trapisondas hay en que se hayan multiplicado por dos. Muchas son e incontables las astillas que hay por el mundo de la cruz de Cristo, que darían para miles de cruces, y no pone vuestra merced en duda que Cristo fuera crucificado. Así que si se ha decir que sí a la aureola beatífica de Lequerica, que se haga primero, como Dios manda, y que se indague luego dónde está la verdad en lo de los despojos, pues como a tozudo no hay quien le gane, seguirá vuestra merced pensando que es de ley averiguarlo y a Su Eminencia le parecerá bien para que se distraiga, si es que no le reconoce como el autor del relato de aquel viaje que hizo vuestra merced a Santa María del Viento y deja de negar haber estado allí y una noche en la tumba.

Lo que yo pienso, ya lo sabe por mis cartas primeras, aunque haría bien en no tomarlas al pie de la letra, como las tomaba cuando me prestaba más atención que ahora. A veces vuestra merced se va de un extremo a otro: no me extraña que las cosas dichas como a veces las digo yo escandalicen en el Vaticano, y lo de la bicefalia que sostenía Pardellas es fácil que se tome por cosa de locos, aunque a Su Eminencia le pareciera bien en principio y después una burla. Los cardenales y sus acólitos, fray Carlo, no están para entender que del camino al que nos llevan los locos no hay que recorrer todo el trecho, pero que siempre encuentra uno algo que vale a la mitad del camino. Creo que Su Eminencia lo ha entendido y ha debido de convencer de ello al Papa, y tiene en eso un gran mérito que le reconozco y le agradezco.

Etelvino de la Sota a fray Carlo Bizzarri, 14 de abril de 1747

Mucho tardaba en contestar vuestra merced y al fin lo ha hecho en el último correo, mas no gustoso de las conjeturas que me hago yo, pone más reparos a mis conjeturas y me amenaza con el Santo Oficio, a pesar de que Su Eminencia sea favorable a mis conjeturas y se contradiga diciendo que no quiere saber de más conjeturas.

Me llegó el correo de vuestra merced en una noche de tormenta y eran sus palabras como truenos, broncas y hondas, y a veces como rayos que me cortaban el alma, palabras del Apocalipsis, palabras que me mandaban a las tinieblas y venían de lo más antiguo y tenebroso del Antiguo Testamento; palabras que me dejaban sin manos para escribir, y en esto el rayo que abría el cielo parece que me cortaba la mano, y se me hacía el fuego en el vientre como si yo tuviera el infierno dentro, y me tornaba un condenado que se iba abrasando con las maldiciones de vuestra merced;

después era la lengua como una palabra maldita que tenía que escupir para quedarme mudo, de acuerdo con sus órdenes, más fiera su voz y mi oído quebrado ya, y si hablaba el sexo hablaba arrepentido por contrición del propio sexo o por condena que derramaba vuestra merced sobre él, pues seguí yo al mismo diablo, decía, al describir el sexo o los sexos, sin que nada de lo que decía yo tuviera sentido según vuestra merced, si no es porque el diablo es diablo y yo con él; a la imaginación la nombraba vuestra merced y, al nombrarla, los truenos parece que se llevaban la noche, porque no es mi imaginación imaginación sino mal pensamiento, de acuerdo con lo que dice vuestra merced, y según os leía en este punto, y el diablo conmigo, pues cada vez me hallo más a gusto con él, la cabeza se me iba y se me venía y parece que iba a quedarme sin cabeza. Me sentí mutilado y muy dolido, aunque tan mutilado que no me quedaba miembro para el dolor.

Podría parecer que estoy hablando ahora de un sueño y de su última misiva estoy hablando, que parecía dictada por el inquisidor. Estará contento, pues, porque su carta exterminadora consiguió lo que vuestra merced se proponía o se proponía Su Eminencia: hacer de mí no sólo un condenado sin remisión, sino también un inútil. A la cabeza le costó reponerse, y yo sin mi cabeza, para bien y para mal, no sé qué hacer con mi lengua, mandan la una sobre la otra y se obedecen, y estaban las dos tan desconcertadas que ni la una mandaba ni la otra obedecía. Yo, tan diezmado, ni fuerza tenía para contestarle, pero tampoco vuestra merced quería que le contestara y más bien me lo prohibía. De mí no quiere saber ya nada más por mentiroso y desvergonzado, pues además de mentir sobre vuestra merced, dice que miento a vuestra merced misma, y quizá, a un descuido, tiene razón, porque ya le advertía yo que el diablo me llevaba la pluma. El diablo era yo, según vuestra merced, y alegaba contra mí como si fuera contra el diablo, pero nunca había hablado yo tanto del diablo como desde que vuestra merced me lo nombrara con asiduidad y con cariño, y acaso ha venido él por eso. Según vuestra merced, bastó que aludiera a él en un momento en que tenía su ánimo caído para que todo lo demás corriera de mi cuenta, y tanto corrí, a su parecer, que puse en sus labios palabras sobre el sexo que no eran suyas y en su vida, acontecimientos diabólicos de los que Dios le libra siempre.

Pues que le siga librando Dios de ellos, estimado amigo, a vuestra merced y a Su Eminencia, que ninguna ganancia tengo yo en lo contrario. Escarmentado estoy de querer serviros para aclarar las cosas y haber resultado luego tiniebla más que luz, y que no contento con ser la cosa contraria a lo que vuestra merced quería de este su amigo y servidor, haya turbado el ánimo de vuestra merced hasta conseguir que su ira se manifestara en una tormenta de palabras en las que no hubo caridad y parecían dictadas por el diablo. Dígame si hay caridad en que dé por inventado lo que he escuchado con tanta paciencia y tan poco interés y que, a mi parecer, con tanta precisión le he transcrito. Si hay poca caridad o ninguna en vuestra merced, hay encima muy poca gratitud para quien se desvela por ir tomando los hilos del ovillo con el fin de lograr ver al menos una cosa: que por tonto no dejen de beatificar nunca a monseñor Lequerica y si alguien cree en lo contrario es porque no sabe distinguir a un tonto de un listo. Un tonto no es capaz de apreciar a las cabras en lo que valen y, llevado del brillo de sus báculos, se descuida en la contemplación de las ubres y le dan liebre por cabra al término. Menos aún es capaz de valerse de un mentiroso para esponjar el alma con la risa y hacerlo pastor al tiempo de un rebaño que desvaría. Me dirá que allí todo el mundo desvariaba, o no me lo dirá, que si digo que me lo dirá ya estará vuestra merced acusándome de que digo lo que me imagino y me dirá otra cosa. Pero vamos a suponer que me lo dice, y entonces yo le contesto que unos más que otros y que el que desvariaba menos era Lequerica. Supongamos que vuestra merced me contesta diciendo que eso nada significa o que ver poco donde nadie ve nada sigue siendo ver poco. Y entonces yo, que no tengo que suponer lo que le contesto, porque soy dueño y señor de contestarle lo que me da la gana, le respondo que nuestra virtud se mide depende de dónde estemos y con quién. Y es aquí donde hay que suponer que se haría fuerte vuestra merced contestándome que yo no soy quién para medir la virtud y que para eso está la Santa Madre Iglesia. Y diciéndome vuestra merced eso, ya me tendrá callado por un rato y supongo que vuestra merced tan contento de tenerme callado en aquello en lo que no soy doctor, que es casi todo. Pues pasa lo mismo con lo del diablo y vuestra merced: si desvarié yo y el diablo no se acostaba con vuestra merced, o sea, con su abogado en la causa de beatificación de monseñor Lequerica, ni le cambiaba el ser como di por cierto, ¿a qué viene en un hombre de buena cabeza como la de vuestra merced y de alguna templanza provocar una tormenta en la boca cuando el día era claro y no había razones para la tormenta? Digo yo, aunque sea esto lo último que le diga, que cuando el río suena es porque agua lleva, y que al desmentir que lleve agua del modo en que lo ha hecho vuestra merced ha provocado tal lluvia demoníaca por su propia lengua que lleva agua sin dudarlo. Si duro le parece lo que le digo, más duro es para mí que quien lea estas cartas en la posteridad, llegue a beato o no Lequerica, tome el rábano y las hojas por lo mismo, y no dirima entre lo que yo pudiera soñar (o aquello en lo que fuera embaucado por el diablo para decir por divertimento) y lo que es verdad cierta y probada. No es lo mismo ser mentiroso que caer en la mentira y entre los mentirosos los hay de muchas clases: una es la de esos que hacen de la calumnia un hábito y pueden llevar al patíbulo a quien se tercie, y de esta clase era Moreno, frailucho parlanchín. De otra clase son los que mienten para parecer lo que no son y tanta mentira les pide la vanidad que no la sacian nunca. Otros hay que mienten para defenderse, porque mintieron mucho para sacar provecho de la mentira, y son de una clase de mentirosos sinvergüenzas que, puestos a hablar claro, ya que estamos de despedidas, muchos hay de éstos que visten traje talar y bajo el hábito y la sotana guardan más mentiras que verdades, y no piense que hablo de Su Eminencia. Muchas más clases de mentirosos hay, y no me olvido de los que tienen el vicio de mentir por mentir y mienten por capricho, o porque la verdad no les gusta simplemente, o porque hallan más placer en la mentira que en la lujuria. Pero en ninguna de esas clases me encuentro y admito si acaso que de tanto trabajar sobre lo acontecido me empleo a veces en imaginarlo, sobre todo cuando lo hallo oscuro, y unas veces acierto y el desvarío me pone en buen camino y otras veces yerro. Y estaba por decirle con contrición, que esta vez erré en lo que se refiere a vuestra merced y al diablo, pero ni vuestra merced merece mis contriciones ni estoy muy seguro de haber errado. Así que pensé no volver a escribirle, como era deseo de vuestra merced, y quedar en paz conmigo mismo, pero en seguida pensé en otra cosa, y es que los papeles los maneja el diablo y podía yo quedar para la historia no sólo como mentiroso o como perverso difamador, que son condiciones a las que no hago ascos si son pasajeras, y no es uno eso sólo y todo el rato, sino que por loco que se mete en la tiniebla y no sale de ella de tan loco podría quedar yo para siempre. Y eso no, fray Carlo.

De modo que voy a aclararle ya en esta última carta que el diablo está por llevar a Lequerica a los altares, y que tanto afán del diablo por glorificarlo se deberá sin duda a que no lo merece, pero para conseguirlo me lleva y me trae a mí por estos infiernos de mi mente en los que me estoy condenando. Ni yo ni el diablo, mi estimado amigo, tememos al Santo Oficio, porque estamos en la Tierra y fuera de ella. Además, el diablo necesita de ese tribunal más que Dios y yo ha tiempo que he muerto y vengo escribiendo a vuestra merced desde los mismísimos infiernos cuando no me encarno en vuestra merced sin que pueda evitarlo. Repóngase del susto y no tema. Estoy muerto desde aquel día de Santa Eulalia en el que me despedí de esta vida en silencio y sin molestar a nadie, sin que tuviera vuestra merced comunicación de ello. Al infierno llegué en seguida, tan pronto se me heló la sangre.

Así pues, si manda al Santo Oficio a buscarme debe saber que en mi casa de Sevilla sólo encontrará al diablo en mi nombre y a un joven sobrino que llora mi muerte con desconsuelo, no sólo porque yo no esté vivo y en Sevilla, sino por lo mucho que gasté en papeles sirviéndole al diablo en este proceso de beatificación por el que el diablo siente tanto gusto, y yo con el diablo. Que es lo mismo, como sabe vuestra merced, que servir a Dios en algo, pues el diablo no es lo contrario a Dios sino su otra parte, un competidor que el Altísimo se ha creado para desempeñar parte de su divina tarea. Si Juan de Lequerica sube a los altares, creerá Su Eminencia que merece culto porque así lo hayan decidido él y el Papa, pero tiene mayor mérito el diablo en este oficio de hacer santos. Necesita el diablo que haya altares y que los pueblen sus ejemplos contrarios y necesita más que llegue la Iglesia a otorgar santidad a quienes tiene él en su redil, tan seguro, como a este Juan de Lequerica con el que me veo yo en los infiernos. A mi sobrino lo visito en los muchos papeles que pueblan la casa, primero para inquietarlo, y después por tratar de conseguir que nos venda su alma. Si se resiste a ello, será por temor a lo satánico o por la mucha devoción que tiene al Santo Oficio.

Pero habiendo dado ya esta comunicación de mi muerte cierta a vuestra merced, no sabrá de mí por documento escrito sino por esas formas misteriosas de manifestarme de las que irá notando efecto en su alma. Y, sobre todo, en su cuerpo, fray Carlo, cuando no sepa poner riendas a los instintos, porque creyendo que con la edad están lejos o dormidos verá con qué fuerza arreciarán bajo el hábito las carnes poniéndose prieto lo que estuvo flácido. Y no sólo ante las mujeres, que es una forma demasiado evidente de las que Satanás se vale para manifestarse a un fraile, sino ante las muchas criaturas hermosas que Dios puso en el mundo de acuerdo con el diablo.

Dios lo disponga todo suavemente y guarde a Vm. muchos años como, a pesar de todo, deseo.

ETELVINO DE LA SOTA

VII

ETELVINO DE LA SOTA, EL JOVEN, SE ESCRIBE CON BIZZARRI COMO EL SOBRINO VERDADERO DE ETELVINO DE LA SOTA, EL VIEJO

Sentí gran alivio al descargar en mi tío la responsabilidad de mis figuraciones y darlo por condenado según me convino. Me encontré de súbito libre de toda culpa y di por bueno dejar mi mano quieta sin escribir al fraile, convencido ya de que no era mi mano sino la de mi tío la que escribiera aquello. Yo era ya otro Etelvino de la Sota, dispuesto a que el Santo Oficio acudiera a su sepultura a comprobar que era un muerto quien escribía a Bizzarri y bastante condenación tenía yo con que hubiera cambiado mi herencia por papeles.

Mas hallé un nuevo castigo en eso porque llenóse mi casa de ruidos inauditos y los papeles anduvieron más inquietos que nunca, elevándose por las puntas, como haciéndose cuernos. Y hasta algunos papeles que nunca se inmutaron por estar más ocultos, empezaron a reclamarme, y fui allí donde estaban y a mis ojos mostraron las habilidades de mi tío para dejarse llevar la mano por el diablo no sólo en la escritura, también en el dibujo. Y vi mujeres, que pudo haber copiado del natural, más que desnudas y en reposo furiosas de deseo, a las que con toda seguridad mi tío respondió con las artes que el diablo da a los hombres si se apodera de ellos. Se gozaba en sus muslos, a los que con el lápiz daba un brillo que parecía el que la más delicada piel desprende y que de tan real metía escalofríos en mi cuerpo y en lo más secreto de él se me abultaba todo. Mas también había hombres y no se recataba en recrearlos, como si los dones del varón fueran a salirse del papel, y quedaban mis ojos perversamente fijos, celosos de atributos tan abundantes como aquéllos. Y había ángeles, más fornidos o menos, en numerosa variedad, con sexo o sin él, en contorsiones que alegraban el alma y, de repente, el cuerpo de este mortal que escribe, que había ignorado que tanta criatura celestial poblara su casa de Sevilla, descubrió en ella un placer silencioso y doméstico. Y estaba el diablo, dibujado por mi tío con su propia cara, la de mi tío y la del diablo, pero tanta era su hermosura que no se sabía si hombre o si mujer era, y por eso mismo conseguía más ser el diablo a mis ojos y a mi cuerpo todo, dándome gozo donde yo no pedía, y como nunca hubiera pensado yo, porque el cuerpo volvía a darse una alegría en el incesto consumado.

¿Para qué viajar, pues, por tanta letra, si aquellos dibujos de mi tío, y aun otros que comprara él, me daban alegre soledad sin salir de mi casa? Me fallaban las fuerzas a veces por el escaso alimento y volvía a pensar en vender algo de papel para comer siquiera, pero antes que eso, hallaría ventaja en vender mi alma al diablo que me instaba a buscar por todos los rincones, hasta hallarme de nuevo con el propio prelado Lequerica, tendido en cama bajo dosel o baldaquino, tocado por los ángeles donde era conveniente y donde no, y con una leyenda al pie certificando que era retrato verdadero del obispo.

Sentí de nuevo las ganas de dar fe de mi descubrimiento y parecióme un vicio insuperable la costumbre de escribir a fray Carlo Bizzarri dándole mis conocimientos en el primer correo. Aunque el diablo me urgía a hacerlo, y me dijo en sueños que me había pagado con placer y pecado la compra de mi alma, díjele que ya bastante esfuerzo había hecho mi mente con su ayuda y le pedí con súplica sincera que alejara de mi alma la tentación de volver a inventar para servirle. Mas es el diablo terco y poderoso, y si Dios disimula su terquedad, él es por naturaleza desvergonzado en todo, de modo que resulta difícil no acceder al deseo del diablo.

Nada de esto expliqué al Santo Oficio cuando tocó a mi puerta del modo brusco con que golpea la justicia las aldabas. Los papeles quedaron quietos de miedo, presintiendo la hoguera, y aunque el inquisidor tiene un hambre insaciable de víctima, y de no hallarla puede valerle un heredero, convencióse su enviado de que el Etelvino de la Sota que buscaban ya era muerto. Como el inquisidor es el diablo a su vez, lo sepa o no lo sepa, en su simulación de defender a Dios de las almas que él mismo le arrebata, cree en el diablo como cree en Dios y tal vez dio por hecho que el difunto Etelvino de la Sota fue quien escribió al fraile los desvaríos que el fraile denunciara ante la impotencia que el más allá procura. Di al diablo las gracias por defenderme así y creí entenderme liberado de volver a escribir: podría, si lo hiciera, tentar al diablo a ensañarse conmigo si llegaba el caso de tornarme en instrumento inútil de su argucia.

Pero el diablo no tardó en responder y por su empeño llegóme un día otra carta de fray Carlo Bizzarri que fue recibida con júbilo indisimulado por los papeles. Debo reconocer que al ver el sobre abrí las ventanas de la casa y llególes un aire del que no gozaron en los días tediosos, tantos, sin noticia de nadie, manifestándose el diablo sólo en aburrimiento y en pobreza.

Diose en unas líneas el fraile a condolerse de haber perdido un amigo tan valioso como Etelvino de la Sota, que si bien lo dejaba a veces con el ánimo dolido por ser arbitrario y extravagante, daba holganza a su ánimo en muchas ocasiones. Mas en las otras líneas, prometiendo oraciones por su alma, quiso reconocer que no en todo seguía el dictado del diablo como gustaba de reconocer con más presunción que verdad. Pronto acabó con la lamentación y pasó de la condolencia a requerirme por si en mi alma cabía la voluntad de ayudarle en la causa que mi tío y él compartieran de dar gloria en los altares a monseñor Juan de Lequerica de no haber indicios que aconsejaran lo contrario. Y me explicó fray Carlo su papel de promotor de la fe, o abogado del diablo, como si yo de él nada supiera ni él de mí, pero como quien ha tenido la iluminación de que era yo gustoso de los papeles heredados y el Santo Oficio ignorante de ellos. Me arrodillé ante el más hermoso de los dibujos del diablo, encendí unos cirios en su honor, de cuyo calor rehuían los papeles, y le entregué mis manos atadas para que se hiciera su voluntad y no la mía.

Etelvino de la Sota a fray Carlo Bizzarri, 8 de setiembre de 1747

Cargo me hago de vuestra tribulación, y siento por ello que en una primera carta no pueda yo dejar de referiros con una premura que nadie me pide mi impresión sobre un cuadro que el mismo duque de Alba me hiciera ver, no sin cierta sorna, hace unos días en su palacio. Aunque sé que así lo que hago es echar leña al fogón de vuestra paternidad, ese fuego en el que arden los inconvenientes para que el obispo Lequerica no alcance jamás la gloria de los altares. El duque tenía el cuadro en uno de los salones principales de las Dueñas y, sabiéndome interesado por la figura de fray Juan de Lequerica, me lo mostró. No lo firmaba nadie, pero estaba atribuido a un discípulo de Pacheco y en sus registros constaba que era retrato verdadero de nuestro prelado. Se preguntará vuestra paternidad, como yo mismo me lo he preguntado, cómo habrá llegado al palacio ducal una obra que fue encargada para el Real Monasterio de Santa María del

Viento, cuando Lequerica estuvo de prelado allí, y que según consta presidió el refectorio de los franciscanos a su muerte. Dijo el duque que por las muchas dádivas que su casa ofreció a los frailes dieron éstos a uno de sus antepasados un bien muy preciado por ellos, y era el cuadro, y reía el duque como quien habla sin fe, para añadir luego que estaban hartos los frailes de verse cada día a la hora de comer con este sarasa. Así lo dijo, tan a lo claro. Y pasando la mano de un modo descuidado por el cuadro, manoseándolo a posta, reía y reía, y cuanto más reía más tonto se mostraba a mis ojos.

Dos cosas saqué en conclusión de aquel encuentro: una que queda dicha, y es que el duque no me pareció dotado por Dios con la inteligencia, ni en todos los casos les hace falta a los nobles, y otra que declaro ahora: el cuadro llegó allí por medio de ocultas mercaderías en uno de los muchos asaltos que sufrió el convento. Pero se estará preguntando vuestra paternidad, y ya lo veo leyendo esta misiva de un modo inquieto, paseando por el corto espacio de su celda, tal cual me contaba mi tío que hacía, cómo representa a Lequerica el pintor, y lo diré con brevedad, fray Carlo: no como un santo. Más hermoso de lo que fue, sin duda, y me aventuraría a decir que cedió el pintor a las insistencias del retratado para que los pómulos fueran más de muñeca que de obispo, y vestido con poca sencillez para el retrato, y sin recato, que es condición que se ve en todos los obispos aunque sea en los ojos. Tan rica es el alba en encajes que la desmesura no favorece al conjunto y prieta en bordados de oro es la capa pluvial que lo reviste. El pectoral parece salirse del cuadro, y tanto lo parece que, al decirlo, aumentaban las risas del señor duque, que hacía amagos de sostenerlo, y del báculo le diré que desprendía brillo y todo. Que un obispo luzca sus atributos con las ganas con que los luce en el retrato Juan de Lequerica no desmerece su virtud, antes bien, habla a favor de quien cumple con su oficio, pero el anillo semejaba, más que por sí mismo por la forma de lucirlo el prelado, las manos delicadamente reposadas en su regazo, cosa de doncella coqueta más que objeto sagrado, y aquí sí que las risas de Alba se mezclaron con las mías, descuidado él en el respeto, y yo con él, según ya he reconocido.

Se preguntará vuestra paternidad, aunque no le conozco más que por referencias de mi tío, por el rostro de Lequerica en el retrato, y en este punto tampoco la sinceridad ha de faltarme: era rostro blando, ya antes me he permitido la licencia de los pómulos, mas también altanero, y en la comisura de los labios apuntaba una sonrisilla mundana y descreída. No le digo nada de los cabellos, porque si se los describo con acierto sé que alejo a Lequerica de la gloria de los altares a la que no llega un hombre, por muy obispo que sea, con esos tirabuzones rubios tan impropios para una mitra,

mitra que por cierto no portaba como es de rigor llevar si está uno revestido como él estaba. Un pequeño solideo se ajustaba a la cabeza por la parte de la tonsura que en aquel pelo se dibujaría a duras penas, y decía el duque, con malicia demasiado evidente, puesto que todo en el duque lo era, que lo hacía para lucir el cabello que la mitra le hubiera ocultado de otro modo.

Dicho todo esto que le cuento, y no es que esté por contradecirme, tendría que decirle algo más: que seguramente los ladrones se llevaron el cuadro del desván y no del refectorio, pues tiempo haría ya que los frailes, por guardar el santo nombre del retratado, lo habrían retirado del refectorio.

Con esta impresión primera de un retrato posee materia un abogado del diablo como vuestra paternidad para que Su Eminencia sospeche de un impedimento insoslayable en el proceso de beatificación de un hombre, si es que de un hombre se trata y no de un ángel, que en los ángeles las maneras de este hombre pudieran ser maneras naturales o angélicas maneras. Sobra decir que tengo yo indulgencia para estos modos y otros, pero mi indulgencia no cuenta porque es la indulgencia de un descreído, aunque no sepa vuestra paternidad todavía si lo soy o no. Podrá decir vuestra paternidad que nada prueba lo que el pincel de un artista plasmara en su tiempo porque son los artistas visionarios de lo que es y lo que no es y a lo mejor lo que parece no es lo que es. Claro que dice san Mateo que los hechos externos son fruto de lo que hay dentro de la inteligencia y la voluntad del hombre. Y bien está que yo no dé por bueno, y hasta me oponga a lo que dice san Mateo, pero no sé si vuestra paternidad lo tendrá tan fácil.

Fray Carlo Bizzarri a Etelvino de la Sota, 22 de noviembre de 1747

Encuentro a vuestra merced más impío que a su tío y más desvergonzado en el decir, y tiembla su letra más, pareciéndose a la de su tío, según crece en vuestra merced el desatino como en él, que crece con la desmesura que el diablo pone en todo lo suyo. El demonio puede más en lo que vuestra merced da por cierto y no lo es, y así me repitió el cardenal la última mañana en que nos vimos: «Cuidad vuestra mirada, fray Carlo.» Despedía con un abrazo y una sonrisa tras otra al postulador de la causa de beatificación de monseñor Lequerica. Mas, cuando yo entré en la sala, me sentó a distancia, me rehuyó la mirada, como si se sintiera incómodo, y no sonrió.

—Tenéis que defender a Lequerica de las tramas del demonio —me advirtió— y no al demonio de la santidad de Lequerica, como estáis haciendo.

Al sentir el reproche, hubiera llevado yo la disciplina a mis carnes, señor De la Sota, de tan conmovido como quedé por las consecuencias de los conocimientos irreverentes de vuestra merced. Pero debía guardar la compostura ante Su Eminencia y la guardé dolorido por dentro. Menos mal que de pronto sentí la mano compasiva de Dios reteniéndome, aunque la voz del cardenal se apagara:

—Comprendemos la dificultad de vuestro oficio —dijo comprensivo Su Eminencia—, una cruz que Dios nos pone cuando Él mismo nos revela la existencia de un santo, mas no debemos extremar nuestro celo en lo inconveniente —y empezó a alzar su dedo acusador y a seguir a su propio dedo con la mirada; el dedo lento y la mirada caminando tras de él, quizá más aprisa que el dedo— cuando la suprema conveniencia, que es la revelación del Señor, ha de ser para nosotros lo primero.

Su Eminencia estaba poseído por un rubor, y el rubor se les nota más a los príncipes de la Iglesia en lo que callan que en lo que dicen.

—No hemos de dar dolor al corazón del Santo Padre... —prosiguió el cardenal, y yo asentí sin saber qué seguiría, mas a sabiendas de que no había otra liturgia posible que un asentimiento muy pronunciado en señal de obediencia—. No hemos de dar dolor al corazón del Papa —añadió— con las ocurrencias de Satanás, aunque en este juicio hayamos de escucharlo, cómo no, cómo no. —Y al repetir esto, bajó la mirada y repasó el suelo con ella—. No son las invenciones del demonio las que hayamos de tener más en cuenta, sino nuestras propias investigaciones. —Y se dirigió a mí, escueto ahora—: ¿Lo entendéis, fray Carlo?

No me atreví a preguntarle si había leído la carta de vuestra merced, porque estaba claro que sí la había leído. Asentí de nuevo, aunque en verdad debo deciros, señor De la Sota, que no dejé yo de asentir desde que empezó a hablar Su Eminencia.

—No hay que darle al demonio ocasión para la burla y más burla es ésta cuando llega al propio Santo Padre y lo atribula. —Parecía predicar sin mirarme, dirigiéndose a la nada—. Así ocurrió —aclaró él— con la descripción de un retrato que ni siquiera es de pintor sevillano. —Se volvió hacia mí repentinamente, señalándome con el índice de un modo insistente e inacabable, y las compuertas del infierno se abrían más y más a mi corazón según se acercaba el dedo cardenalicio, señor De la Sota—. Cuando falta la confianza —añadió— se olvidan los conocimientos de arte: a escuela italiana lo atribuyen los que saben, fray Carlo, y no a pintorzuelos de Sevilla. —Y agitó la cabeza y las manos al tiempo, remarcando lo que decía y quizá llamándome a reconocer el arte de los nuestros y no el de los españoles—. No retrata al siervo de Dios Juan de Lequerica —afirmó rotundo y después me miró a la cara con esfuerzo para certificar mi desconcierto—. El retrato es de un predecesor del Santo Padre y no daremos al demonio más oportunidades para la risa ni Nos os daremos más explicaciones. Os ordenamos —fue más su severidad si es que podía ser más severo— que no las busquéis. ¿Habéis oído? —preguntó ahora mirando al artesonado como si hubiera visto volar algo de pronto y lo buscara en el techo—. Además —forzó la mandíbula para anunciarme la revelación de otro disparate de vuestra merced—, no rió el duque de Alba, hijo fidelísimo de la Iglesia, con el bárbaro que os diera el falso testimonio, fray Carlo. No —y al negar abrió los ojos dilatándolos hasta el extremo—, no sucedió tal como el propio Satanás os cuenta —lo tuvo por Satanás, señor De la Sota, y elevó la voz al decirlo con una energía imprevista—. Por la descripción que el piadoso duque nos envía —y al evocar al duque expresó complacencia con los labios—, el halo de santidad y las piadosas maneras del papado tómanse en ese cuadro por modos que confunden la representación de la virtud.

Después de que dijera esto con mucha premura, igual que si alguien se lo hubiera preparado y él cumpliera con el trámite de repetirlo, se hizo un gran silencio. Tanto y tan largo fue el silencio que ya no esperaba yo otra cosa que el anuncio de mi condenación y mi castigo.

Pasado un largo rato, y aprovechando que Su Eminencia se amodorraba, solté una lágrima. Cuando despertó de su descanso fugaz no la advirtió, porque siguió sin mirarme. Si hubiera visto la lágrima quizá hubiera pensado que era una lágrima de contrición y su corazón se hubiera ablandado, mas debo reconocer que no lloré yo por contrición sino por rabia, ya que era mucha la que me poseía, y pensé si no sería el mismo demonio poseyéndome, al sentirme burlado por vuestra merced. Y ahí no paraba la cosa, en que fuera yo burlado, sino en que además se nos diera por poco rigurosos a ambos en lo que yo tenía más intención de demostrar que lo éramos, pues si bien la santidad se verifica con milagros y figuraciones, y andan en el Vaticano sobrados de éstas, yo para negarla me había servido de inexactitudes, otra vez con De la Sota, y encima ahora con su sobrino.

Cuando el cardenal dio por concluida la audiencia esperé de él algún dictamen, pero el asistente que me invitó a salir, no de buen modo precisamente, traía unos papeles que me dio, y el cardenal, amodorrándose de nuevo y sin mirarme en consecuencia, sólo dijo: «Cuidad vuestra mirada.»

Etelvino de la Sota a fray Carlo Bizzarri, 7 de enero de 1748

También le pido yo a vuestra paternidad que cuide su mirada porque no la pone con tino ni siquiera en mis papeles. Veo por lo que me dice, y no sin tribulación, que entiende que ando yo en chanzas con el retrato de monseñor Lequerica y descarta que sea una invención del duque, a quien además no encuentro imaginación suficiente para esas invenciones y sí una buena memoria de erudito, sin darse más explicaciones que las que le convienen para mentir sobre sus negocios y sobre sus rapiñas. Y acaso no sea el cuadro atribuible a Pacheco, como yo os dije, aunque creo que no os dije exactamente eso, mas no yerro yo en distinguir texturas, rasgos y colores, y no es la obra pertenencia de escuela italiana sino de discípulo del sevillano, como debería decir vuestra paternidad al que me da por lerdo si el miedo no le impidiera decir la verdad, como a mí a veces. Así que por orgullo patrio y por propio orgullo me he puesto a investigar, porque órdenes le dará el cardenal a vuestra paternidad y no a mí, aunque si la Inquisición me las diera las cumpliría con igual obediencia que la que le debe llevar a mover la cabeza ante el cardenal. Pero le bastaría a vuestra paternidad, de no haber recibido el concreto mandato de no husmear donde al parecer de Su Eminencia no debe, con ver el inventario del convento para concluir que en su refectorio hubo retrato del que tiene por virtuoso. La madre Ángeles Bazán en su *Vida devota* confirma lo que le he contado, si bien su piedad le daba otros ojos y lo mismo otra pluma y otra lengua. Y así cuidó ella su mirada que es lo que le mandan hacer a vuestra paternidad. Por eso ve la monja la hermosura de un ángel donde yo no vi hombre y en su orondez la devoción advierte la misma hermosura de los serafines. Dice después que las delicadas manos se posan sin posarse y que de tan ataviado no parece ataviado sino porque los que mucho lo querían ponen adorno donde hay fervor. Más que yo debe saber el duque, sin embargo, de lo que años más tarde, y no muchos, relatan las crónicas que se conservan en la catedral de Santa María del Viento, y es que al morir Lequerica, cuentan, volvieron al pleito frailes y canónigos, y una buena noche salieron los frailes de la isla, no se sabe por qué playa, llevándose con ellos lienzos y orfebrería de gran valor. Si diéramos por bueno tal documento, que a un canónigo lectoral se debe, bien pudieran los frailes haber pagado a la casa ducal con el cuadro por los buenos oficios que hizo para protegerlos ante el Rey nuestro señor, mas no es de esta opinión el padre Inchaurbe cuando narra la noche de un asalto en la que unos mercenarios se hicieron con la dote del convento y viose después en los palacios de los nobles la manera de pagar con gran dispendio que tuvo el episcopado. ¿Pagar a quién y a quiénes y por qué? ¿Os lo habéis preguntado, fray Carlo?

No me ofende que sostengáis que tanto el duque como yo gustamos de exagerar en el sabor de los caldos, costumbre bien cierta en el uno y en el otro, pero si en un caso, el suyo, los caldos le menguan el entendimiento, en el mío me dan otras luces, y ésas serán las que toma vuestra paternidad por luces del demonio, aunque no es con esas luces con las que le escribo, sino con las otras más comunes de cuando me siento más cuerdo, sin que eso signifique, como bien supondrá, que mi cordura sea una cordura de ley, o que nada tenga que ver con ella Satanás.

Compruebo, pues, cuánto le ha asombrado la descripción que he hecho del cuadro en el que se retrata al que tiene a veces por bienaventurado y a veces no, y recojo con amistad, aunque la nuestra sea tan nueva, pero vieja porque de mi tío viene y a veces yo me siento él, el reproche que me hace: que no pregunta vuestra paternidad por cuadros y que no me tiene por experto en arte y menos en Sagradas Escrituras. Y lo de las Escrituras lo dirá por haber mentado yo a san Mateo de memoria, pero en lo del arte tendría que preguntarse si no compartimos ignorancia vuestra paternidad y yo.

Fray Carlo Bizzarri a Etelvino de la Sota, 19 de marzo de 1748

Cierto es, mi estimado amigo De la Sota, que no le tengo por experto en otra cosa que en las cosas del diablo, pero el diablo, como dice el padre Frodman, de quien he de hablar a vuestra merced, tiene buena nariz. Y si no por huir del demonio, como me aconsejarían mis superiores, sí al menos por no errar más, debiera acabar yo con estas cartas y vuestra merced con mi silencio entendería lo que no ha entendido aún: que no se da la amistad a nadie para que la maltrate, como ha hecho conmigo, y que si el Santo Oficio no me juzga ahora, ni me ha sido impuesto un destierro o un destino de castigo, es porque la mansedumbre ha podido más en Su Eminencia, o quién sabe si la modorra, que la necesidad de hacer justicia. Y si le escribo de nuevo es porque teniendo que hacerlo ahora con el objeto de desdecirme de lo errado, aprovecho para que le llegue la claridad y haga con ella lo que le plazca: reírse como el demonio ríe con vuestra merced o tomar en consideración cuanto aquí os cuente en lo más sensato de su corazón, si es que el corazón sabe de sensatez.

No sé si está bien que se lo confiese, pero a lo mejor le escribo porque, acostumbrado a las diabluras de su tío y ahora a las suyas, no hallo sosiego sin ellas, y podría deducirse de lo que le digo, y es de gran peligro que se deduzca, que necesito del diablo, cuando lo cierto es que ahora me acerco a todo papel que hable sobre nuestro siervo de Dios Juan de Lequerica con más amor al siervo que antes y desde luego con el temor que me inspira Su Eminencia, que es un santo temor, porque aunque sus ojos no sólo no se fijaron en mí, como un hijo espera de un padre, sino que descaradamente huían de mirarme, vi yo en él la mirada de mansedumbre que me ha librado del castigo. Pero otra vez he errado y he sido otra vez perdonado, pues no bastándome con lo que decía el señor duque de Alba en su misiva, que fue el papel que el asistente del cardenal me entregara al irme, pedí licencia para hacer un viaje a Sevilla y ver con mis ojos el cuadro. La inmensa sabiduría del cardenal, recuperando la cabeza de su modorra, que es una especie de éxtasis continuo, y olvidando su prohibición expresa de que me interesara yo por cuadro alguno, me contestó con amor:

—Cuidad vuestra mirada.

Ése fue el consejo. No dijo que el viaje fuera costoso y de gran trabajo, que ya me había dicho él que no indagara, o que la palabra del duque valía más que cualquier viaje; dijo lo que tenía que decir Su Eminencia: que cuidara mi mirada.

Y en ésas estoy, dándole vueltas y revueltas a una carta en la que niega el duque haber estado con vuestra merced o conoceros y dice que eruditos los hay en Sevilla, ortodoxos y heterodoxos por cientos, y que hasta los hay metidos en brujerías y en imaginaciones, y que no niega él que fuera a Dueñas alguno un día y que pidiera verlo y que se hubiera dejado ver, pero ni bebió con él ni le mostró un cuadro que muestra sólo a los cercanos y de fiar por las malas interpretaciones que de él se hacen, y no lo exhibe, pues, a los difamadores.

Y de eso, de las malas interpretaciones que reconoce el duque, hubiera querido hablar yo con el cardenal, más que nada por poner a salvo en lo que pudiera las buenas intenciones de vuestra merced y que no fuera tenido por difamador. Pero el presbítero alemán que lo asiste, aventando las moscas, me aconsejó que no lo hiciera, ya que fueran las interpretaciones las que fueran, malas o buenas, el duque había dejado claro que el retratado era un Papa, y puesto que monseñor Lequerica no era Papa tampoco podría ser objeto de buenas o malas interpretaciones referidas al retrato de otro.

Siguió espantando las moscas sin lograrlo y de

pronto abrió un cajón y sacó de él un bollo muy redondo y recubierto de azúcar, con lo cual las pocas moscas que hubiera conseguido espantar volvieron a venir y el presbítero blasfemó en germano. En esa lengua las blasfemias parecen más duras, y así se lo dije, y él respondió que los oídos de Dios son iguales en todas partes. Yo no había pensado en eso, pero tampoco se lo discutí, porque la verdad es que no he visto nunca presbítero alguno más seguro de cuanto dice, y al decirlo, escupe además. Volvió a meter el bollo en el cajón y con las manos pringadas tomó unos documentos de una desordenada montaña de papeles y mientras se le movían los mofletes en la degustación del dulce escogió entre ellos el que buscaba. Luego me lo dio y leí: «Sobre el retrato del Santo Padre que los duques de Alba me encargaron.» Estaba escrito en italiano y firmaba, abajo del todo, Horacio Gentileschi.

—¿Quién ha dicho a vuestra reverencia que se trata de la misma obra? —le pregunté.

Dio con rabia otro bocado al bollo. Con la boca llena, menos inteligible pues y con la astucia deteniéndole la mirada, me dijo:

—Vuestra paternidad es torpe, no entiende que quiero ayudarlo, fray Carlo. Pero si lo desea, pregúntele a Su Eminencia sin rodeos. —Y ante mi modo de mirarlo, quizá perplejo, añadió—: Si quiere...

Dijo esto con burla y tuvo que sacar otro bollo porque no había saciado aún su gula con los anteriores.

Me había insultado, llamóme torpe aquel tosco presbítero germano, y decidí ofrecer esta humillación al Señor por mis faltas. Creía yo que iba a acabar ahí el improperio y me quedé pensativo y resignado en aquella umbría sala, con el documento que el presbítero me había puesto en las manos, pero me lo arrebató él farfullando en latín nuevos insultos:

—Ya me habían dicho que los franciscanos son lerdos y nunca pude imaginar que lo fueran tanto.

Lo dijo con voz rasposa, con coraje en la recriminación, y de esa voz dramática y exasperada pasó a la risa, y su cara se iluminó de pronto por la ternura y sus ojos azules se tornaron luminarias. Todo en él sucedía muy rápido y casi sin tiempo para darse uno cuenta de que pasaba de una cosa a otra. Así que se puso a cantar un miserere y la voz parecía entonces la de un ángel.

—Duermo así a Su Eminencia —me confió con la boca alargada por la ironía.

—¿Le hace falta al señor cardenal la música para el sueño? —pregunté.

—No llegará a cardenal —me contestó riendo.

—Ni siquiera a obispo —repliqué.

—¿Por qué obsesionarse tanto por un cuadro, hermano? Lo mejor es pensar que no existe, no existe lo que no conviene a la gloria de Dios.

—¿Y quién decide eso? —le espeté.

Él alargó el brazo y lo apoyó en mi hombro:

—Voy a pensar de verdad que los franciscanos son lerdos y que a los abogados del diablo los hace tontos el diablo mismo.

—De eso seguramente se cura uno comiendo bollos —le respondí sonriente para que acusara la chanza.

Él se puso muy serio y me dijo:

—Eso se cura haciéndole caso al diablo, mas el diablo es astuto y vuestra paternidad, no. ¿Sabéis de dónde es el diablo?

—Alemán.

—*Certo* —me contestó.

Habla en italiano cuando se halla complacido.

Etelvino de la Sota a fray Carlo Bizzarri, 22 de mayo de 1748

También yo, fray Carlo, he llegado a pensar con el presbítero que los franciscanos por mucho que se ilustren guardan alguna resistencia al talento y pecan de ilusos como su padre san Francisco. Le sobra campechanía al padre Frodman para ser cura y sobre todo para llegar a ser obispo, pero no le falta talento para convencer a las dignidades de la Iglesia de lo que quiera, incluso de que los tratos con Luzbel deben ser tenidos en cuenta. Llama lerdo a vuestra paternidad no sin razón, y perdóneme la ofensa si la hubiera, porque según me cuenta lo que le dice no parece que es lo que le dice, y le dice más. El presbítero es sagaz por germano y por germano práctico en el proceder, y no vago, que no es la gandulería defecto que quepa atribuirle a los germanos. Me retrata vuestra paternidad su gula y no así otros placeres, pero pronto verá que también frecuenta otras flaquezas pues no es el glotón del dulce sólo glotón de eso. Puede confiar en su bondad porque la tiene, pero no debe fiarse del todo porque se interrumpe según le conviene a él. Quiero decir con esto que si le ha dicho que deje el cuadro en su pared y que no ande tocándolo, bueno es hacer lo que le dice, no manosearlo. Otra cosa es que lo manosee yo y le diga a vuestra paternidad lo que del cuadro voy sabiendo, que no es poco. No estoy seguro de los merecimientos de vuestra paternidad para saber y tampoco tengo constancia de su interés, aunque a ratos lo veo y después no veo sino arrepentimiento. Pero me asombra que por ser tan franciscano como el padre Frodman lo ve, o sea, tan ingenuo, todo lo que le cuento cuente a los sagrados tribunales. De seguir siendo su conducta ésta, fray Carlo, véome yo, y a vuestra paternidad conmigo, respondiendo de la verdad ante el Santo Oficio, que es lo mismo que responder de la infamia si los inquisidores lo ven con mejor luz que nosotros. Tampoco conviene que lo cuente todo al padre Frodman, pues si lo halla en una flaqueza de la bondad y en una irreprimible aparición de la conveniencia, puede ser presto a contar a Su Eminencia lo que Su Eminencia no quiera oír, y no hay peor pecado que, por tonto, dar fatiga a un prelado de la Iglesia. Mas le preguntaba en mi epístola última qué interés habría en el sucesor de Lequerica como ordinario de Santa María del Viento en ser obsequioso hasta el dispendio con la nobleza y nada respondió por santa prudencia. He de contestar yo, pues, mas no con invenciones, que es en lo que convierte a veces vuestra paternidad mi lenta indagación, sino con el resultado del trabajo que me tomo por averiguar las cosas en los muchos papeles que mi tío poseía.

Acontece que, para hacerlo, he de empezar la historia del siervo de Dios por el final, cuando entrega Lequerica su alma al Altísimo, y todo porque no parece que la entregara con la dignidad de sus atributos sino como Dios lo trajo al mundo, por sorpresa, y en una gran tinaja en la que la sangre le prestara su color al agua. Lo imagino horrorizado al leerme y con miedo a que me lean en los tribunales. Me dirá que dónde está escrito y escrito está por el vicario de Santa María del Viento que tomó declaración al joven sacerdote asistente quien, muerto de miedo, requirió su autoridad al canónigo para levantar, con los ocultamientos del crimen y la dignidad que merecía, el cadáver. Arrebatado de piedad dijo el joven clérigo que a espada de ángel se debía la herida que en el pecho dejara un arma y el vicario le pidió que se tranquilizara antes de seguir desvariando. Pero desvarió por largo rato, cuenta el vicario, y en ese desvarío prolongado contó cómo los ángeles accedían normalmente a palacio, elevándose sobre los altos muros y no por las puertas cuando la noche era alta. Desvarió tanto que habló del santo orín, porque a orín joven olían sus estancias y los que comprobaron no sin incomodidad tanto el olor del orín de ángel como la incontinencia que éstos parecían tener, dieron por prodigio un olor acre que venía de debilidades. Ignoro por qué con tanta evidencia de prodigio angélico concluye el vicario que más que ángeles eran demonios jóvenes, pero cuando recrimina al gobernador de la isla, Martín Walls, por falta de vigilancia, éste, que era de tosco proceder y de escasa tendencia a las visiones angélicas, contestó al vicario que si él no los había visto desde su torre vigía es que ángeles eran, y que no entraba en si buenos o malos, que para esos conocimientos no bastaba el poder de la Tierra sino el que viene del cielo, y costábale, dijo con sonoras carcajadas, reconocer a los seres alados más allá de los buitres y las águilas que reconocía muy bien. Dijo que en todo caso serían ángeles de los que frecuentaba el obispo y que si en las noches volaban en palacio, por el día detenían el vuelo y se los veía por las calles de Santa María. «Parecióme que había burla en lo que decía —cuenta el vicario— y que algo quería callar el gobernador, porque no sólo era pariente del obispo y por él nombrado, sino porque vergüenza y respeto se mezclaban para no hablar más ni decir lo que no conviniera.» Esto es lo que escribe a la Reina, que sentía confianza y devoción por Lequerica, mas a buen seguro alguna otra cosa le dijo a la soberana por si no bastaran las sospechas que dejaba ver el vicario, porque la Reina al contestarle habla de escándalos que no suelen organizar los ángeles sino los rufianes.

Preguntará vuestra paternidad que dónde está documentado lo que le digo y se lo confesaré en su momento y no ahora. Dirá que por qué dar más tiempo a la comprobación si existe el documento, pero quien ama a los papeles como quien le escribe ahora hará bien en callar para que sea cual fuere el camino que llevare la investigación de la santidad de Lequerica no sean destruidos los documentos donde se cuenta una verdad que con toda seguridad no es la única. Porque la Reina pregunta al vicario si no ve él malos indicios en la falta de dolor de Martín Walls por la muerte de Lequerica en misteriosa circunstancia angélica, «pues me decís que ninguna sombra de sentimiento y menos de sorpresa visteis en él cuando se cuadró ante vos para escuchar cómo lo recriminabais y añadíais que era de los pocos que poseía llave de palacio». Aquí el padre Frodman leería que la Reina insinuaba que Martín Walls pudo haber sido el asesino, y sabe Dios si lo fue, odio y rencor hacia su tío político no le faltaban desde que, según escribe él mismo, la sobrina del obispo, su propia esposa, le diera hijo del tal Oswaldo Vera, que el obispo se había hecho llevar como ilustre soldado por debilidades de las que el cielo sabe, dice, y que tras mucho mandar a clérigos y laicos, desapareció en una playa de la isla la misma noche en que Martín Walls descubrió en la cara del que creía su hijo la del propio Oswaldo Vera, de tanto como era el parecido de su pretendido vástago con el militar. Pero la Reina no sospechó tan sólo de la venganza de Walls porque el obispo estuviera siempre de la parte de Vera, que le arrebató a Walls, primero el poder, y le trajo después una soledad de muerte, la que deja la traición; la soberana, después de dar la regia orden de que se buscara al asesino, con lo cual parecía refutar la acción de los ángeles como una descreída, le dijo a su esposo que en Santa María del Viento faltaba obispo que no dejara sospecha de virilidad, y no sabía ella cuando así hablaba de la soledad que se le iba a venir encima.

Se preguntará vuestra paternidad y el padre Frodman si llega a leerme qué tiene que ver todo esto con el cuadro y mucho tendrá que ver si la llegada del excelentísimo y reverendísimo señor don José Urquinona y Bedot a la diócesis de Santa María del Viento tiene que ver algo con lo que yo me imagino.

Fray Carlo Bizzarri a Etelvino de la Sota, 7 de julio de 1748

Estaba seguro de que disfrutaría vuestra merced con el conocimiento del presbítero alemán, reverendo Walter Frodman, como dice que goza con él y él a su vez hace votos por conocerle más y todo lo posible por confundirme a mí como vuestra merced me confunde con sus invenciones sobre la extraña muerte del venerable. Tráigole al padre Frodman de la Umbría a Roma unas tortas de pan que hacen muy variadas por mi tierra y sueña él con unas yemas de azúcar que elaboran muy cerca de la de vuestra merced. El padre Frodman lo daría todo en esta vida por lo dulce.

—¿Y también el alma? —le pregunté.

—El alma, no, la tengo entregada —me aclaró.

No me dijo a quién, pero su exagerada gula, tanto como su mirada luciferina y luminosa, me hacen sospechar de que no es a Dios precisamente a quien ha entregado su alma. Y él sabe que lo sospecho y se advierte que quiere que lo sospeche. Esta tarde tuve la certeza de que el demonio lo poseía porque al entrar lo vi agarrado a una poltrona con el cuerpo tenso, diría que agarrotado, y dormía y roncaba, pero sus ronquidos eran aullidos de fiera, de muchas fieras a la vez y distintas todas. Cuando dejaba de roncar hablaba a veces, como si soñara, pero en un alemán muy raro, y lo mismo hacía voces de niños que aullaba después. Pasaron tres horas y se levantó cantando y fue corriendo hacia el cajón de los bollos y descubrió allí las tortas que yo le había traído. Mordiendo la primera me dijo:

—Está visto que a vuestra paternidad no lo juzgará el Santo Oficio.

Lo dijo con la boca llena y riendo, pero lo entendí. Luego se acercó a mi escritorio cantando y siguió cantando mientras comprobaba de qué escribía yo. No me preguntó, pero le dije que de la infancia de monseñor Lequerica y no de la muerte, como se hubiera empeñado vuestra merced empezando la casa por el tejado.

—¿Qué sabe vuestra paternidad de la infancia de san Francisco? —me preguntó.

—Poco —le dije.

—¿Y lo tiene por santo?

—Por muy santo lo tengo. —A fe que lo declaré con orgullo.

—¿Y qué más da que Lequerica haya sido mujeriego o sodomita de infante?

—Es mi misión defenderlo de las argucias del diablo —repliqué—, reconociendo humildemente esas argucias.

—Escúcheme —pidió. Luego levantó la cabeza mirando al techo y recuperó la cara intacta de la siesta, pero con los ojos muy abiertos para ver más allá de donde se ve—. Veo niños con armas y banderas que juegan a la guerra y defienden la fortaleza de la piratería. Al fondo hay una playa inmensa, el día es claro y se ve África. ¿Conoce ese paisaje, fray Carlo?

—Podría ser Ventiscas de la Frontera.

—Es Ventiscas de la Frontera —afirmó—. Hay un niño aparte que no juega a la guerra, pero no es débil ni es por debilidad por lo que no entra en las tropas de defensa ni hace de pirata. Es un niño fornido, robusto, más fuerte que los otros. ¿Lo conoce?

—¿Se llama Juan, acaso? —pregunté admirado por sus dotes de visionario.

—No, se llama Ignacio. —Y al contestarme pareciera que la visión hubiera sido interrumpida para recriminarme—: Que lo bautizaron como Ignacio debería saberlo porque está escrito y no hace falta para ello la visión.

Aproveché la brusca interrupción, que hubiera vuelto al mundo el presbítero, para preguntarle si cuanto me contaba debía ser escrito así.

La pregunta pudo parecerle una majadería por el gesto que hizo, agitando las manos.

—No hago este esfuerzo —dijo— de mirar y ver siglos atrás si no es por ayudarle.

Dio un golpe en la mesa como en un arrebato y volvió a mirar al pasado con una mirada que no era de este mundo y lo que vio fue al pequeño Ignacio revestido con casullas de mucho oro y albas de mucho encaje y pasamanería, todo preparado con fervor por la madre para que el hijo bienamado celebrara oficios en un latín tan primoroso que era en los labios del niño premonición, pues nadie le había enseñado liturgia ni latines y era su infancia un anuncio de lo que sería su vida, porque su vida se contaba así.

—No esperaría que estas cosas le fueran contadas por el demonio o por el tal Etelvino de la Sota...

—Escrito está, pero escribiendo esto no me encuentro en mi oficio de abogado del diablo.

—El oficio de vuestra paternidad lo llevaría a decir que no es el sagrado ministerio cosa de juegos de niños, y le ruego que así lo escriba, y ya habrá sagradas conclusiones donde conviniere, pues seguramente no era aquello un juego sino iluminaciones de Dios en la madre y en el hijo.

—¿Y el padre? —pregunté—. ¿Estaba de acuerdo el padre?

—Bien sabe que no —me respondió el presbítero—. Pero del padre tendrá que hablar vuestra paternidad con el diablo, y después de oído, poner al diablo en su sitio.

—Gracias —dije, mas me notó él una indecisión que yo quería ocultar y no pude, porque sus iluminaciones parecían ocurrencias de vuestra merced o de su tío.

—Ah, no se le ocurrirá escribir que cuanto ahí se cuenta fue una visión del padre Frodman... ¿Ha estado en Ventiscas de la Frontera...? —Esperó contestación, pero yo nada dije—. ¿Sí...? —Hizo una pausa y prosiguió—: Pues bien, allí lo oyó contar de padres a hijos. El testimonio oral se hace, por su bien o su buena prosa, verdad escrita para el cumplimiento de los designios de Dios.

—Dios se muestra a veces caprichoso —se me escapó la irreverencia.

—Bien haría en corregir con penitencia ese comentario de hereje —rió—. Yo corregiré el mío.

—¿Cuál? —le pregunté sin disimular el susto.

—Guárdeme un secreto: el Santo Padre es más caprichoso que Dios.

Etelvino de la Sota a fray Carlo Bizzarri, 2 de setiembre de 1748

Ni una palabra del cuadro, fray Carlo, y sólo una alusión a lo que en mi misiva anterior le relataba. Y es ésta un reproche: no me ha preguntado, me recuerda, por la muerte de Lequerica, sino por el tal Oswaldo Vera al que hice mención hablando de esa muerte con tal grado de locura, según vuestra paternidad, que desaté las iras del padre Frodman. Vuestra paternidad teme ahora más a Dios, o quién sabe si a los tribunales de la Iglesia se debe vuestra mayor intranquilidad, porque lo veo pasar por los sucesos que le cuento sin reparar mucho en ellos para ponerse a hablar de las tortas que trae de la Umbría para adular al padre Frodman. La curiosidad con la que el diablo escarba por las entrañas del presbítero, revolviéndolas a su modo, también le ha podido a vuestra paternidad, ya que después de acusarme de irreverente y no andarse con disimulos para llamarme hereje, insiste en preguntas sobre el cuadro que ni es mi gusto contestarle ni creo que sea del caso contestar por ahora y hasta tanto posea documento suficiente. Tampoco tengo yo por qué contestarle para ganarme más condenaciones de las convenientes, que con las que ya tengo me tiene comprado el diablo. Pero de la razón por la cual la Reina conociera la soledad y sobre la causa por la que Urquinona fue a suceder a Lequerica debe conocer más que yo el padre Frodman porque de lo que pasó supo a tiempo el Santo Oficio, aunque calló como era su deber.

Ya sé que quiere pruebas de todo para que Su Eminencia vea en las pruebas que no son cosas del demonio las que cuenta vuestra paternidad, pero todo lo dicho hasta aquí fue contado de unos a otros en casa y el demonio no tiene más parte en ello que su gusto por recordarlo.

La Reina se empeñó en perseguir al gobernador como asesino del obispo, contrariando a la Iglesia en su decisión de que ni ángeles ni asesinos, sino decisión del Altísimo, que quiso llevarse a su seno al que tanto merecía su gloria, como consta en la declaración oficial que dictó la propia Santa Sede, tal como le consta a vuestra paternidad y a mí me consta.

Pero veo que se obstina en hacer poco caso de lo que Martín Walls dijera porque, de hacerle caso, mejor se hubiera dedicado a otros menesteres vuestra paternidad, y en esto tan prudente es donde le descubro cierta voluntad en hacer santo al que tenga por seguro, que lo sea o no, lo merece. No le extrañará, fray Carlo, que aun siendo Martín Walls persona tan distinta a la que yo soy, sienta por él, y no por sus verdades, que poco me importa que lo sean, alguna simpatía, y le ocurrirá lo mismo al padre Frodman si lo lee. Estos pendencieros, cuando son reclamados a buena cama y buen mantel, se acostumbran a comer y a dormir en limpio y hagan lo que hagan a escondidas, que fueron muchas las cosas que siguió haciendo Martín Walls después de casarse, miden a todos con la medida con que fueron medidos ellos y se guardan la generosa vara de medir para lo propio, que al fin y al cabo es lo que aprenden viviendo en las buenas casas y hasta en los conventos, si es que fueran llamados a los conventos o pidieran en las celdas cobijo.

No me distraigo más, vuestra paternidad sabrá perdonarme estos juicios que no me son pedidos y sí me son pedidos, y dejaré de hacer alusión a esa manía suya de que ando yo en relación con el padre Frodman, y que a mí y a él nos tiene poseída la imaginación el diablo, cuando si el diablo alborota con alguien en su celda es con vuestra paternidad y lleva su mirada loca por donde tendría que andar más cuerda la mirada.

Fray Carlo Bizzarri a Etelvino de la Sota, 31 de octubre de 1748

Cuando recibí la carta de vuestra merced hablando del padre de nuestro siervo de manera más documentada que su tío y acaso más perversa, la puse de un modo perezoso y como a desgaire sobre la mesa del padre Frodman, a quien si no escribe vuestra merced a mis espaldas y en silencio, le llevará sus cuentos el diablo a vuestra merced y le traerá los de vuestra merced al tiempo. Puse la carta allí y esperé a que el reverendo la viera. La verdad es que en el relato de vuestra merced se mezcla tanto una cosa con la otra que parecen más las averiguaciones de un chismoso que las de un estudioso, y el presbítero gusta del chisme, pero cuando éste se alarga como en su caso es seguro que pide las buenas formas del erudito.

El padre Frodman no miraba la carta. Yo estaba seguro de que tal cosa no habría de suceder antes de que acabara él la ingestión de un bollo que le habían traído unas monjas de Mallorca, empeñadas en beatificar a su madre fundadora.

—Tardará en ser beata, fray Carlo —me dijo—, pues son generosas las monjas mientras buscan poner la voluntad divina de su lado, y una vez lo consiguen, como todas las mujeres, hacen su voluntad sin más remilgos y no hay bollo que consuele.

Reí con él como parece que estaba mandado, y reí a gusto, porque vi así crecer su confianza que últimamente contemplo decaída por el recelo, pero como lo hallara sin voluntad de leer la carta y ensimismado en las excelencias de la ensaimada, quise ponérsela ante su vista para insistirle y me pidió él que la leyera en voz alta mientras cambiaba de sillón y se acomodaba en uno que parecía más cama que asiento.

—Habla aquí De la Sota del padre del siervo —dije con miedo a repetir en mi boca el lenguaje plebeyo de su misiva.

—Bueno será que hable mal —dijo con desgana de cambiar la conversación de la panadería por las trascendencias de la santidad.

—Mal habla —repúsele.

—¿Dice acaso que tuvo una manceba y le daba ducados?

—Lo dice y dice más —respondí, mas en su don de adivinar advertí la mano de vuestra merced o la del diablo que los pone en relación.

—¿Qué más dice?

—Que era esa lujuriosa la madre verdadera del siervo de Dios.

Esperé de él la expresión del escándalo o la ira del bienaventurado. Y no, se llevó la mano al mentón y dio su respuesta como si preparada la tuviera:

—Dice mal, porque no hay pruebas. —Me miró muy fijamente a los ojos—. ¿Las hay?

—No —titubeé, inseguro de que las hubiera.

—Otra vez, fray Carlo, le engaña el diablo —me recriminó a medias—. Pero no se aflija vuestra paternidad que siempre es así. —Mordió el bollo y siguió hablando como si en los tratos con el diablo él fuera un experto—: Bueno es que el diablo lo engañe, peor sería que tuviera razón.

Otra vez me sentí burlado por vuestra merced y me dio tiempo a llorar la burla, porque el padre Frodman se puso a roncar, y después de que lo hiciera durante un buen rato, volvió en sí y venía del sueño con más conocimientos que yo. ¿Por quién, De la Sota, por quién habría de estar tan bien aleccionado?

—Fueron diecisiete las crías de la barragana —se iba desvelando— y es verdad que se quedó con una de ellas para que nuestro siervo tuviera hermana —bostezó— porque era débil la salud de la madre del siervo y mucha la falta que hacía una hija en la casa.

Quedéme asombrado:

—¿Lo ha soñado vuestra reverencia?

—No dormía, fray Carlo, buscaba en la memoria

—ahuecaba la voz el presbítero y parecíame que hablaba con voz prestada; lo mismo era la de vuestra merced, supuse—. Viajaba por los siglos —prosiguió—, habrá oído vuestra paternidad el ruido de las mareas, sin duda.

—Era mucho el rugido del mar —afirmé aludiendo a sus ronquidos y escuchando de fondo vuestra voz traviesa. Y él sonrió.

—Pues de esa hija —añadió concentrándose en un cirio con mucho misterio— dice el escribiente que le puso Lucrecia por una que así se llamaba y con la que mucho se holgó y dejó muerta y salió de la casa de puntillas para no despertarla de la muerte. —Sonrió comprensivo como no he visto a clérigo hacerlo con un pecador—. ¡Otra más de don Ignacio, era macho bravío...!

Mordió el bollo, suspiró y se quedó pensativo y yo en silencio y acordándome de Etelvino de la Sota; vislumbrando los enredos en que me estaréis metiendo Frodman y vuestra merced, no hay duda.

Cuando volvió de sus pensamientos me preguntó a mí si yo había conocido mujer y no supe qué decir porque me volvió la desconfianza y la intranquilidad de que anduviera contando a Su Eminencia lo que no es menester y por culpa de vuestra merced. Si le decía que sí, que alguna vez sucumbí a la tentación, entraría él en detalles, porque es amigo de entrar en detalles mundanos y hacer de confesor no siéndolo. O podría transfigurarse, como a veces hace, y pronunciar una perorata de condenación y dejarme el alma hecha un trapo. Si le decía que no, es posible que su superioridad se creciera y bajara su estima por mí, pues está el padre Frodman seguro de muchas cosas y entre sus seguridades se encuentra una que en realidad son dos: que ni él ni yo vamos para santos. Y no teniéndome por santo, de no haber probado yo mujer, ya lo veía haciéndose esas consultas que se hace mirando a ninguna parte y frunciendo después los labios como el que apresa una sospecha. Sería ésta la de que me diera yo a la sodomía, que es para él de todos los pecados el más aberrante.

—Dígame qué perdón puede dar Dios a un pecado que no entiende, fray Carlo, si es Dios la suprema virilidad y el supremo entendimiento... Si se llegara a demostrar que nuestro siervo era un sarasa, como la lengua del escribiente certifica, no sólo contravendríamos la voluntad del Señor, que es la misma que la del Santo Padre, sino que Dios y el Santo Padre, que son lo mismo...

—¿Lo mismo, padre Frodman?

—Lo mismo, fray Carlo. —Y concluyó—: Digo que la voluntad de Dios y la del Papa serían burladas.

Habló así, sin que yo le hubiera dado aún mi respuesta sobre si había conocido mujer.

—Quien la conoce no la olvida —dijo él— y quien la olvida no merece el perdón del pecado de haberla conocido.

No quise presentar mis reparos teológicos y volví a la carta, que me ocupaba a mí algo y a él poco, de tanto como parecía preferir las distracciones de la conversación.

—Mujeriego fue muy mujeriego el padre del siervo —dije.

—Lo son todos los hombres, fray Carlo, desde el caso de Adán, y no está el pecado en serlo sino en no arrepentirse de serlo.

—Tal parece que le pasara a don Ignacio de Lequerica.

—Sí, pero no es a él a quien debemos beatificar, y siendo así las cosas, malo es que pidamos a monseñor Lequerica no sólo que fuera santo desde niño, como está bien probado que lo fue...

—Tenía inclinaciones...

—De santo —se apresuró a aclarar, como si se hubiera desprendido otra intención de lo que dije.

—De santo —reafirmé.

Y él prosiguió más tranquilo:

—Si de niño era santo, bastaba. Y no que lo fueran también sus progenitores.

—Bastaba, padre Frodman —dije como si el voto de obediencia me liberara y diera respiro.

—Pues bien, dígame ahora qué le preocupa de ese escrito.

—Los santos sin casa son mejor que con ella.

—Los santos no tienen otra casa que la Iglesia y

haría bien en no tentar al demonio en sus curiosidades.

Me miró fijamente como si quisiera comprobar que lo había entendido o acaso dudando de haberse explicado bien, aunque la duda no le frecuenta, y luego bajó ligeramente la cabeza como si se estuviera pensando una nueva explicación, pero aventó una mosca y con ella la idea y abrió el cajón y sacó un buen pedazo de bollo. Mientras lo comía hablaba sin parar y sin que yo lo entendiera.

Etelvino de la Sota a fray Carlo Bizzarri, 6 de diciembre de 1748

Acertado es lo que dice de la mujer el padre Frodman y no vería razón para los titubeos de vuestra paternidad si sus tentaciones fueran como las del reverendo. Y hablando de la mujer, aunque ésta sea reina, y aun a riesgo de que siga teniéndome más por chismoso que por investigador, algo tendría que contarle de nuestra soberana y de cómo el Rey aprovechó la muerte de Lequerica para darle otro motivo de desdicha a su augusta esposa. Y fue éste que enviara de obispo a Santa María del Viento al confesor de la Reina, que amén del perdón de sus escasos pecados dicen que le daba otros consuelos y complacencias. Se explica así que el nuevo obispo fuera tan complaciente con los nobles y a ellos les legara riquezas conventuales como el cuadro. Pero parece que vuestra paternidad no quiera que le hable de mujeres, ni aunque de la Reina misma se trate, y en esto me vienen a mí iguales sospechas que al padre Frodman, y no porque ande yo en tratos con él a espaldas de vuestra paternidad, como viene recelando por lo mucho que coinciden mis revelaciones con las que le hace Frodman cuando vuelve del sueño.

En cualquier caso, quiere saber vuestra paternidad de Oswaldo Vera, si es que bien he entendido su insistencia, ya que el miedo a Frodman y al Santo Oficio ha empezado a hacer más torpe su letra y más confuso su entendimiento, mi estimado amigo. Crece en vuestra paternidad el temor al padre Frodman y en mí la tranquilidad al hablar, según voy sabiendo más de él y de sus procederes, y teme vuestra paternidad de la confianza que pongo en él porque se figura que me hallo yo así a buen recaudo de las malas intenciones del presbítero, y que el diablo obra en él y en mí de igual manera, y no como vuestra paternidad, que se siente más cerca cada vez del Santo Oficio, desamparado de Dios y del diablo a un tiempo.

Lo cierto es que hay una parte de la vida de Lequerica en la que nos quedamos a oscuras, y si no fuera por las altas sumas que se le dan en los libros de fábrica a Oswaldo Vera tampoco sabríamos que éste estaba ya en Vitria cuando Vitria nacía. Porque en Santa María del Viento sostienen que allí nació el capitán, y que nunca salió de allí y que enterrado está en el panteón que él mismo mandara hacerse en el lado de la epístola de la capilla mayor, ya que en el de enfrente había sepultado a su esposa, que la tuvo, aunque en longeva edad, no se sabe si después de muerto Lequerica, que lo querría célibe. Mas la contradicción no se halla en que se sostenga que allí está enterrado, sino que en Vitria se defienda lo mismo y que se diga que nunca salió de allí, después de que allí llegara, y además que murió sin mujer, y con ésas se ahorran una tumba, la de la esposa. Lo que está claro es que mandar, mandó mucho, y que, viniéndole el poder de donde le vino, de nuestro monseñor, se resintieran los frailes más ambiciosos y escribieran al padre general contando mundanidades que conozco de molestarme por investigar allí donde vuestra paternidad no lo ha hecho. Yo en su caso no daría crédito a la chismosería frailuna sabiendo que las víboras también anidan en las clausuras. Pero sé que es, aunque ilustrado, hombre curtido, hijo de campesinos de la Umbría, y poco comprensivo con los modos exquisitos de Lequerica, que en el Vaticano, por el contrario, y hasta en la Corte del Rey nuestro señor, le granjearon enormes simpatías.

Pero sobran ya otras explicaciones, que, como bien dice, me extiendo mucho en ellas. Aunque me urge a que se las dé sobre el tal Oswaldo Vera con atención impropia, pues tanto se preocupa de él que bien parece que el beatificado pudiera ser el capitán y no el obispo, y en esto la razón está del lado de Frodman, que es el mismo lado del demonio, al acusarle de buscar motivos donde no los hay. No se me escapa a mí que la relación del uno con el otro pudiera enturbiar la causa de Lequerica, pero no creo que Su Eminencia esté por ello ni el padre Frodman tampoco.

Yo poco más que lo que le he dicho puedo decir: que ya estaba en Vitria Oswaldo Vera porque en Vitria le pagaran, eso es cierto. Y especula vuestra paternidad, sin pruebas, con que le pagaran por defender el Sitio, y parece que le consta por algún lado (quizá por esos documentos que maneja con tanto sigilo y en los que si el diablo quisiera entrar no necesitaría de mi mediación, que ya tiene en vuestra paternidad buen abogado), que el Sitio era asaltado con frecuencia por delincuentes y por piratas y hasta por moros que arribaban a sus playas con las señas que le daban los moros que allí trabajaron por levantar el lugar. Mas parece que todos murieron allí con descendencia, después de servir mucho a los que iban a morir a Vitria y morían dejando todo lo que llevaban, que casi siempre era bastante. Y porque había que defender el Sitio sostiene vuestra paternidad que acordó monseñor con el tal Oswaldo Vera que se hiciera con la capitanía del lugar y pusiera hombres a sus órdenes, que al tanto de todo estaba el Rey por mediación de la Reina, y que con su fuerza probada guardara del riesgo de la desposesión a los casi moribundos, y los guardara también de que se les adelantara la muerte, bien por sofoco del susto o por heridas mortales en el asalto.

Nada tengo que oponer yo a lo que vuestra paternidad ve tan claro, y menos si con claridad lo viera Su Eminencia, si bien no tengo claro que sea como lo ve. Lo cierto es que si de ese modo fuera, no es de extrañar que el tal Oswaldo Vera mandara mucho en Vitria, ni que sus consejos influyeran en el obispo, porque hay órdenes que parecen consejos cuando se dan con amor y consejos que parecen órdenes si se agrava el tono al darlos. No hay que olvidar además los sentimientos que se cruzan entre los que dan las órdenes y quienes las reciben, de tal manera que, al cabo, no se sabe bien si se cumplen porque es deber hacerlo o con los caprichos que los sentimientos dictan.

Pero Dios me libre de hacer estas interpretaciones, porque luego me reprocha en sus misivas que las hago, y más abajo de donde me lo reprocha, me lo agradece. Si así lo tiene de claro, más claro se lo pongo: un arcángel protector era para el obispo el tal Oswaldo Vera y, si se tiene en cuenta que no es en un obispo la fuerza lo que ha de predominar, y es la fuerza cosa de los fuertes y hasta oficio de los que la tienen, y para colmo, entre los obispos que existieron, existen y existirán por los siglos de los siglos, que ése sí que es un oficio que no conocerá extinción, no parece que monseñor Lequerica fuera uno de los más fuertes, ni de aquellos —y Su Eminencia sabrá perdonarme tanto la licencia en la reflexión como la falta de respeto— en los que la virilidad sobreabundara bajo los hábitos, pues claro está que necesitaba de los buenos oficios de un Oswaldo Vera, que ya fuera uno solo o varios, era en todos los casos un mozo fuerte y bravío al que la abundancia de la virilidad lo llevaba a gobernar todo lo que se le pusiera por delante con las artes que tuviera, y las de ser buen mozo, entre frailes que al parecer no lo eran, podía ser la mejor de las artes, incluso para la satisfacción personal de Lequerica. Pero si he dicho antes que podemos encontrarnos ante uno o varios Oswaldos, no lo digo porque yo tenga dudas sobre cuántos fueron o pudieron llegar a ser, que incluso pudo tratarse alguno del hijo del otro, sino porque vuestra paternidad despierta mis dudas con las cuentas que se hace. Le salen tres Oswaldos Vera, y uno de ellos es el que en Vitria mandó mucho, según le consta, sin que tuviera título para ello, y éste mismo pudo ser, y no duda vuestra paternidad, el que capitaneó la nave que llevó a monseñor Lequerica a Santa María del Viento cuando, ya bien fundada Vitria y todo puesto en su sitio, la Reina nuestra señora le encomendó misión en aquella isla, y dice vuestra paternidad que estando conquistada y evangelizada con tiempo sobrado, se dieron a imaginarse Vera y Lequerica el uno Cristóbal Colón y el otro fray Bartolomé de Las Casas, o cosa parecida, y lo hicieron todo como si todo estuviera por hacer. Buen juego hallaron en ello y seguramente divertimento, y no creo que por hacer volar la imaginación de forma tan ingenua, llegando primero a una playa que estaba desierta, por imaginarse los primeros en llegar, y después a otra que no lo estaba menos, por seguir con ese juego, y entrando a la isla por donde no se debía entrar, por la parte menos habitada que alimentaba aquella locura de sentirse más grandes de lo que eran, se halle comprometida ahora su beatificación, aunque sé que esas patrañas las somete todas vuestra paternidad a sospecha y no estando claro haces bien en no presentarlas a Su Eminencia. Pero es lógico que si Lequerica estaba satisfecho del buen hacer de Vera en todo, se lo llevara con él, y no es de tanta lógica que siendo bueno Vera para el gobierno en la tierra y en el manejo de los cuerpos tuviera también saberes de la mar. Cierto es que se me ocurre ahora pensar, sin querer añadir más confusión, que de alguna parte tuvo que llegar a Vitria, y a lo mejor vino por mar, y viniendo por mar, quién sabe si de África vino. Muy cerca está África de Vitria y ése es uno de sus peligros. A lo mejor vino de África, fray Carlo, que por lo que dicen esas cartas de otros frailes que hemos convenido en que contienen infundios, y de las que vuestra paternidad sabe y yo sólo lo que me cuenta vuestra paternidad, a lo mejor no mienten en eso: que era moreno y prominentes los labios y que un pelo tan negro como el azabache tenía y que groseras eran sus facciones, y sus manos tan grandes como grande era él todo, y grandes gustaban las cosas a monseñor. Si era de África no iba a llamarse Oswaldo ni apellidarse Vera, pero ya cuidaría Lequerica de bañarlo en agua bendita y darle primero nombre cristiano, que no sé cómo se le ocurrió ese de Oswaldo, y tomar después el apellido de uno de los moribundos para ponérselo, que en las propias lápidas de la iglesia y del cementerio que hicieron para rodear el templo, cuando el templo no pudo con más muertos, hay muchas con el apellido Vera, primero por casualidad, quizá, y después, quién sabe si por tradición de irse a morir allí muchos de los que se apellidaban Vera y tenían a los suyos enterrados de antes en Vitria. Lo que sí puede quedar claro, y no es porque yo me empeñe en ello, es que el Oswaldo Vera que mandó en Vitria y el que viajó y jugó a descubridor con el obispo eran los dos el mismo. Vuestra paternidad sostiene que después de este viaje ya nada se sabe de él sino por su enterramiento, más que dudoso, en Santa María del Viento, y más ahora que se ufana vuestra paternidad en la posesión de papeles que hace bien Su Eminencia en ignorar y mal quien le sirve en querer mostrárselos. La verdad es que si allí hubiera quedado y se hubiera dispuesto a mandar, por Martín Walls lo sabríamos. Pero Martín Walls habla de otro Oswaldo Vera que murió en el camino, enterrado vivo por mandato suyo, en la expedición que hizo fray Benjamín Berástegui y que es de la que hablan las crónicas que con tanto misterio ha descubierto y en las que a buen seguro el diablo ha de meter su nariz. Podría ser el mismo, le digo, pues habiendo regresado a sus predios de Vitria, contento de su juego de posesión de tierra ya conquistada, retornaría pasados los años a la isla del Viento para recoger a monseñor y devolverlo a sus tierras de bien morir, a fin de que también muriera él bien y de acuerdo con sus deseos, aunque diga vuestra paternidad y no yo, que le quede claro a Su Eminencia si me lee, que Lequerica cambiaba de deseos según los vientos, y que en ese retorno volviera a jugar a conquistar la tierra que se sabía conquistada, ya que volvió a hacer lo mismo con Berástegui y Berástegui con él. Pero vuestra paternidad sostiene por los mismos papeles de los que me habla, no sin escrúpulos, porque acaso contengan invenciones más que verdades, le insisto, que el Oswaldo Vera que allí se presenta no era conocido de monseñor Lequerica. En eso no le faltará razón, pero si mis ocurrencias le aportan luz, no siendo más que ocurrencias, le diré que si el viaje era un viaje para traerse a monseñor Lequerica a morir en su sitio, y al decir esto no es que me ponga yo del lado de los de Vitria, que dicen poseer el verdadero cadáver de Lequerica, es posible que monseñor tuviera ya la cabeza ida y no reconociera a los que mucho había frecuentado. Aun así nos saldrían dos y no tres y para que nos salgan tres hay que dar por bueno lo que se cuenta en esas crónicas, sin que se sepa bien si Martín Walls metió en prisión al verdadero Oswaldo Vera nada más lo vio aparecer, temiendo quizá que le quitara la capitanía de la isla, o le dio muerte según su conveniencia al ver en el rostro del capitán el de su propio hijo. Reconocer esto no es reconocer que haya tres sino que al dos, en el supuesto de que fuera el uno, se le dio muerte y ya está. Lo que sucede es que haciéndose llamar Oswaldo Vera, o aceptando que así lo llamaran, se presentó a Lequerica, y éste lo aceptó como tal Oswaldo Vera con asombroso entusiasmo, cuando se trataba de alguien que usurpaba el nombre, y de eso hay certeza porque advirtió a tiempo fray Benjamín Berástegui al obispo. Parece que era un tal Rafael Arado el contramaestre que se prestó a la confusión, y a lo mejor es ése el que está allí enterrado, de modo que es posible que el cadáver del verdadero Oswaldo Vera no se halle ni en un sitio ni en otro.

Y qué más da, digo yo, si es del cadáver de monseñor Juan de Lequerica del que debe ocuparse. Pero el hecho de que tenga vuestra paternidad más frecuentados los archivos de Santa María del Viento y yo más los de Vitria en lo que queda, no ha de ponernos más de un lado que de otro, y por lo que me cuenta, le veo desconfiado con mis pareceres sobre lo que los de Santa María del Viento afirman de algunas cosas, y no es que los tenga yo por poco exactos, que lo son, sino que con lo que dice vuestra paternidad de Oswaldo Vera, los está desmintiendo al menos en algo: en que pueda ser cierto que el cadáver del capitán sea el que ellos dicen tener, y no digamos nada del de su esposa, si es que la tuvo. Si alguna cosa hemos aclarado es para ganancia de Vitria, mas por lo que dice tampoco están en lo cierto al afirmar que el cadáver de Vera que tienen sea el cadáver de Vera. Y poco debe importarles al cabo, pues al que tienen por cierto del todo es al del obispo Lequerica, y en ello, como le digo, les va la honra, y acaso juntan honra con verdad por la mucha fama de mentir que se dio a la gente de aquellas tierras de Vitria y la fama de lo contrario que tuvieron siempre los isleños de Santa María del Viento.

Esto es todo lo que tengo que contarle pues hasta urde tramas vuestra paternidad para ver en mi desinterés por Oswaldo Vera lo que no tiene que ver: señales de que quiero tirarle yo de la lengua a vuestra paternidad porque me usa para ello el Santo Oficio. Sabe vuestra paternidad más que yo, y es justo que así sea, que para eso le pagan, aunque sólo con la comida le retribuyan y con el jergón le den un sueño tranquilo, y no recibo yo, en cambio, ni un real, pero tampoco el miedo que se está inventando con sus recelos. Querría que fuera yo más curioso en los enigmas de Oswaldo Vera por oírme decir a mí lo que no se atreve a decir vuestra paternidad, y ya sabe lo mucho que me cuesta manchar el buen nombre de Lequerica. Pero si por algo me inquieta el capitán Vera, que sabérselas todas se las sabe, no es porque viajara de un lado a otro y se diera a las ilusiones, con gustarme tanto viajar como deslumbrarme, sino por la mucha oscuridad que hay sobre lo que Lequerica y él hicieran hasta que altas se hallaran las murallas de Vitria, que fueron tantos y tan meritorios sus trabajos que un prodigio es que todavía lo podamos ver vuestra paternidad y yo y asombrarnos el uno y el otro, sin quitarles méritos sino dándoselos, de lo mucho que ellos pudieron.

Fray Carlo Bizzarri a Etelvino de la Sota, 2 de febrero de 1749

Le escribo desde mi celda, De la Sota, y no me fío ya ni del papel con que le escribo, y por lo que sé de vuestra merced no hay que fiarse mucho de los papeles, pero tampoco de vuestra merced, y no sé a estas horas ni por qué escribo. Aquí lo mismo las paredes oyen que acechan las moscas que entran, revolotean, pican y se van satisfechas de llevar un chisme a alguien y mejor si el que lo recibe tiene en la mano un bollo y las gratifica. Le dirán a quien las oiga, con ese ronroneo con que aturden, que ando yo en tratos con el diablo, y si hallan sus cartas interminables en las que no hay comedimiento y me atribuye la posesión de papeles que no tengo, de frecuentar archivos que no he consultado y de decir lo que no digo, más seguridades tendrán de mis tratos diabólicos. No sé si deseo que lleguen ya a esa conclusión después de tanto oír al padre Frodman en lo que dice y en lo que se calla para alcanzar al fin mi descanso.

Decir, decir, no dijo Frodman que era una invención del diablo la mujer que yo vi tan desnuda como Eva, mas sí dijo que andaba yo débil de las entendederas, y que era acaso por el poco comer, y que quien mucho come aumenta las visiones reales y se aparta de los juicios imaginarios. Lo que yo vi fue una visión tan real como que me pusieron Fernando en la pila del bautismo y luego Carlo al entrar en religión.

Reposaba sus carnes, más robustas que magras y blancas más que la nieve, en el mismo diván donde entra en ronquidos demoníacos el presbítero, y se iba en unos ayes de dolor o complacencia que interrumpió al oírme o quizá al verme. Cuando el padre Frodman advirtió que cesaban sus quejidos, le preguntó con una voz lejana, que parecía que venía de más allá de los estantes y que a mí me pareció llegada de lo más ignoto de la estancia: *Per chè, amore, per chè...?* Y lo repitió hasta tres veces con un frenesí que despojaba a su voz de la unción con la que hablaba tanto de la beatitud de los justos como del arte de la panadería. Y no lo repitió más porque la mujer, azorada, tratando el imposible de cubrir con su mano derecha los pechos y el sexo con la izquierda, corrió a esconderse por el laberinto de los libros y de los documentos que prueban la santidad de los bienaventurados. La oí hablar en los jadeos finales de la lujuria y las palabras ininteligibles que usaba raspaban del mismo modo que oía yo que raspaba la carne con la carne en aquel laberinto. Tuve miedo de tanto ver, oír y hasta imaginar y supe entonces que terminaría pagando mi mala suerte. Oí un alboroto de cartapacios que caían y un grito de hombre que podía ser del padre Frodman, y después oí un andar alborotado y trabajó el pensamiento con más prisa que la que se da de ordinario. Esperé a que el presbítero condenara mi intromisión con su ira germana, que parece más ira por germana, pero me faltó el aliento cuando lo vi acercarse con mansendumbre, y no por la mansedumbre, sino por verlo sin sotana y como Dios lo trajo al mundo.

No sé cómo tuve el atrevimiento de mirarlo de arriba abajo y comprobar, tan despacioso y lento como con enfermedad de la cabeza lo hiciera alguien, que la sotana oculta mucho la robustez de los cuerpos bien hechos y que el del alemán guardaba excelentes proporciones en los brazos y en las piernas, que eran igualmente fornidos sus muslos y que su pecho era el pecho entero de un atleta, difícil de imaginar en un clérigo de vida reposada y sedente, y con las venas marcándosele donde brillaba el músculo. Sólo la barriguilla tersa, más salida del cuerpo por encima de lo conveniente, delataba su regusto por la bollería. Me dejó mirar con complacencia de ser mirado y sólo cuando miré a la parte más obscena de su cuerpo, porque la perturbación ponía mi mirada donde era su capricho y no el mío, habló:

—Cuidad vuestra mirada, fray Carlo, cuidad vuestra mirada.

No recuerdo escalofrío mayor en mi cuerpo porque al oírlo lo oí a él y a la vez al cardenal y a mi confesor. Los tres juntos pidiéndome que cuidara la mirada.

—No miro yo sino que mira mi desconcierto. —También habló la inquietud por mí.

—Mira y cree que ve lo que ve y sólo ve lo que el demonio le presenta, pero Satanás no enseña una cosa sola sino muchas a la vez: unos brazos —y agarraba con sus manos fuertes la musculatura de los suyos—, unas piernas —aprovechó para sentarse y aferró las manos a sus propios muslos—, y estos atributos —empezó a sobarse los testículos con descuidado arrobo y apartó a un lado la flácida y ostentosa protuberancia del pecado— en los cuales ha hecho la elección vuestra paternidad.

—¿La elección? —preguntó el miedo.

—Sí, Satanás me ha presentado entero a sus ojos y esos ojos aún no se han levantado para verme el rostro y rehuir la contemplación de lo que a un hombre, si lo es, nada ha de importarle como le importa a vuestra paternidad. Aún está mirando donde no debe mirar.

Y volvió a tocarse, primero mimando sus partes y acariciándolas con deleite, y hasta diría yo que con orgullo, y después tomó aquella masa entre sus manos con arrogancia verdadera.

—Sólo una locura súbita —me atreví a hablar mirando a su cara de sátiro— puede dar lugar a este escarnio: mostrarse ante mí de esta manera y tratar de acusarme de mirar lo que no debo.

—Entrar sin llamar ni ser llamado da lugar al encuentro con lo inesperado —me acusó él—, sobre todo porque su llegada sin aviso...

—Acepto la llamada de atención de vuestra reverencia, pero no su desnudez, pues mis ojos miraron donde el asombro los puso.

—Le gusta a vuestra paternidad —puso énfasis en el tratamiento— asombrarse por las partes bajas y se entiende así que le obsesione demostrar que monseñor Lequerica no merece ser santo por unas debilidades que son como las suyas.

—Sólo el demonio puede hablar como habla vuestra reverencia —dije en mi descargo.

—Cierto —respondió. Y se levantó mostrando con descarado propósito la perfección de su espalda—. El demonio le ha tendido una trampa y ha caído en ella: poner en dificultad la santidad de Lequerica con las obsesiones que ponen en dificultad su propia santidad. Pero el demonio también se vale de los ministros del Señor, como en mi caso, para someterlo a pruebas. —Se volvió hacia mí y de nuevo se tocó las vergüenzas—. Y he aquí cómo hemos sometido a examen su mirada. Esa mujer inexistente que dice haber visto era el mismísimo Luzbel tentándole...

—Es hermosa —traté de salvar mi virilidad—. Sus pechos, tan turgentes, son los frutos que se ofrecen para envenenar el alma con un néctar que antes de que el alma se envenene saca al alma de sí...

Rió de mí con la misma insolencia que un demonio, clara era la burla.

—Si hubiera sido de verdad una mujer y vuestra paternidad un hombre como Dios manda, no hubiera pensado en frutos y en néctares, sino que aquí, aquí —se volvió a coger con fuerza su alargado bastión del pecado— hubiera sentido que se le alborotaba la sangre y se le alzaba esto, esto... —agarró lo suyo en la afirmación.

—Yo... —No había dejado de rondarme el miedo.

—Vuestra paternidad debe alimentarse como conviene. —Y al recordar el alimento sacó un bollo del cajón y empezó a engullirlo él—. No entrará así en desvaríos como los que le llevan a inventarse con De la Sota las cartas de un comandante De Rojas y Arciniegas que tal como han dicho los expertos a Su Eminencia ni tienen los modos castrenses ni se corresponden con su tiempo.

Tomó una sotana como dando por acabado su discurso y empezó a cubrirse el cuerpo con ella, sin más ropa debajo, y como si al revestirse cambiara de oficio. Pretendía demostrar así que había trabajado de demonio hasta entonces y que volvía ahora a su tarea de asistente del señor cardenal.

—Quiero ver a Su Eminencia —dejé claro mi deseo de poner la cosas en su sitio.

—Pues Su Eminencia no quiere verlo, según mis conocimientos. De modo que hará bien en comer, dormir y orar y dejar los chismes y las imaginaciones para otra hora. ¿Le quiere contar a Su Eminencia sus más recientes visiones?

Su risa no pudo ocultar la desconfianza, acaso un vago temor, y cuando acabó de reír fingió una mirada honda y no sé por qué vericuetos de los ojos vi cruzar la amenaza. No sé si fue una mirada de fiera la que puso, algo debieron enrojecérsele los ojos, y con ella me dio a entender que mejor el olvido que otras averiguaciones.

—¿De verdad quiere ver a Su Eminencia?

Se impuso el miedo o la incertidumbre y mentí:

—Siempre he encontrado en vuestra reverencia mi mejor enviado, pues allí donde yo no acierto por los desvíos de mi mente pone la cordura y llegan a Su Eminencia las cosas como deben y no como las complica el demonio.

Cambió su mirada, más tranquila ahora y algo arrogante, por hacerse entender con sus silencios.

—No es, fray Carlo, la virtud de Lequerica lo que deba quitarle el sueño sino saber dónde se halla su cuerpo venerado. O mejor dicho: lo que debe llegar a saber un abogado del diablo es en todo caso dónde no está el cadáver del venerable.

Cada día, De la Sota, veo más claro que a Frodman lo ha puesto aquí el demonio, pero lo que me confunde es el demonio mismo. No sé lo que espera de mí ni lo que quiere de verdad, unas veces parece que esté a punto de conseguir que Lequerica no sea beatificado, que sería su misión y para eso soy yo, tristemente, su abogado, y otras veces que quisiera beatificarlo como ha sostenido vuestra merced, traicionándose a sí mismo y teniendo aquí a Frodman para eso.

Etelvino de la Sota a fray Carlo Bizzarri, 5 de abril de 1749

Si Frodman y yo, padre Bizzarri, somos cómplices del diablo, tendremos que convencer a vuestra paternidad, como el propio diablo, de la necesidad de beatificar a Lequerica, pues Luzbel asegura, y nosotros con él, que de un justo no se trata. Vuestra paternidad tiene muy claro que es misión del diablo conseguir que no suba a los altares un justo, y en eso no está errado, mas podría ser su labor por el contrario fomentar el engaño y lograr que suba el pecador a los altares glorificando así la simulación de su revés. Crece el interés del diablo si no tratándose de un justo pudiera parecerlo, pues en ello le va la burla. La confusión está en vuestra paternidad, porque cree en la santidad de Lequerica y no lo ha visto, como Frodman y yo, de la mano de Satanás, brillándole a Lequerica los anillos y tomándole el diablo de su mano como a doncella.

Pero no voy a entretenerme en esto, que a todo se llegará, y voy por derecho a mostrarme sorprendido con esa afirmación de vuestra paternidad de que ser abogado del diablo le viene cambiando la conducta y que a veces obra con una fuerza que no es propia, ni sabe controlar, y que está sospechando que es de Satanás por lo muy ajena que le es. No me extraña que así sienta por las noches como que alguien le acompaña, y hasta que alguna vez le acompañe efectivamente alguien, sin que se me ocurra suponerle sexo, aunque si es cosa del diablo sexo tendrá y no poco: si es de mujer una floración carnosa y ávida, volcán a veces capaz de una erupción cualquiera, aunque más bien cráter con fuego que nos consume, y si es de hombre, será el sexo del mismo diablo, aunque no esté claro que por llevar nombre de hombre sea macho, pero de serlo tendrá una abundancia carnosa y tan exagerada que dará miedo, y no sabrá vuestra paternidad qué hacer con él ni a quién dar de comer esa abultada espingarda. Si el sexo del diablo fuera un sexo de mujer sería como un gran ojo abriéndose donde terminan los muslos, con los párpados húmedos y guiñándose en reclamo, esponjándose en un pelaje verdoso y alimentando el pelaje con sus secreciones hasta ser hierba voraz que todo se lo traga. Vuestra paternidad sabrá si el diablo tiene o no pechos, pero de tenerlos, que no se los he visto yo, serían más turgentes que los que, según mi tío, decía el lego parlanchín de Vitria que los tenía doña Matilde Alodia del Valle, la que se metía a fraile por las noches en La Rábida.

No creo que bromee vuestra paternidad con estas cosas, porque no son de bromear ni para aquellos a los que nos va en ello menos que a vuestra paternidad, y cuando digo estas cosas, al demonio me refiero y no al sexo, aunque el sexo sea del mismísimo demonio, porque el sexo sí que admite risas, a veces las provoca y en ocasiones las demanda. Al diablo se va acostumbrando vuestra paternidad y cuando quiera desentenderse de él, ya le ha besado con mucha demora, como no hubiera querido nunca vuestra paternidad que lo hiciera, y ya es tarde, porque en ese beso le ha dejado en la boca su gusto, y un escalofrío por la nuca, y por el cuerpo un flujo que lo domina todo; tanto que hasta los ojos ya no miran como miraban antes, y ve uno lo que hay y lo que no hay, como siempre, más lo nuevo, que es otra vez lo que hay y lo que no hay.

De modo que si antes no tenía yo a vuestra paternidad por frecuentador del diablo y ahora lo es, la confusión va a ser mayor entre nosotros. Pero ya lo era antes, y acaso lo era porque no había caído yo en la cuenta de que quien ha de ejercer como abogado del diablo, poco a poco se va haciendo con él el propio diablo. A lo peor lo que le digo no le gusta a vuestra paternidad, porque nada gusta menos al diablo que ser reconocido y anda él siempre escondiéndose con sus artes y apareciendo en las formas más inverosímiles, cuando menos lo espera y con todas sus artimañas.

Por eso acabo de ratificar a vuestra paternidad que es Lequerica un poseído del diablo, o el diablo mismo en forma de obispo, porque también lo he visto, a pesar de las muchas formas de esconderse que tuvo y las tan variadas formas de aparecer en que se nos revela.

Lo que pasa, padre Bizzarri, es que ahora mismo, mientras escribo, parece que la pluma la lleva otro y bien pudiera ser que la llevara el propio diablo para jugar con nosotros más de lo que nosotros jugamos con nosotros mismos.

Fray Carlo Bizzarri a Etelvino de la Sota, 27 de mayo de 1749

Se empeña vuestra merced en dar pábulo al demonio y traerme a las mientes todo lo que el demonio imagina y le cuenta para contárselo vuestra merced a Frodman y reírse de mí con el diablo a la vez que me acercan más y más a la justicia del Santo Oficio. Y así lo mismo se le ocurre repetirme, como su tío lo hizo atribuyéndoselo a Pardellas, lo de fray Domingo de las Tribulaciones, para que Frodman ría más. Y no anda errado al comparar al padre Frodman con fray Domingo de las Tribulaciones porque tiene el alemán con el portugués más de una pasión en común: la pasión por las mujeres, la primera de ellas, y el don de figurarse lo que les conviene, la segunda. Pero no hemos de olvidar el gusto por mostrarse desnudos y hacer de eso una aparición. Y sea como fuere, Su Eminencia no ve sino por los ojos del padre Frodman, aunque no parece el alemán muy interesado en que sigamos investigando en la virtud o en el yerro del siervo de Dios, y en esto me parece, si hago caso a vuestra merced, que se desentiende de lo que el demonio le dicta, pero también puede ser que disimule como el demonio hace de tan hábiles modos. En ese disimulo demoníaco se empeña más bien en lo que para vuestra merced y para mí es más fácil averiguar, dónde están los restos de monseñor Lequerica, como es del gusto de la Iglesia que se averigüe: si en Vitria, adonde parece que quiso volver a morir, o en Santa María del Viento, en donde a lo peor hubo de morir sin quererlo. Ya sé que es más del gusto de vuestra merced hurgar en la vida del siervo de Dios porque de esas indagaciones obtiene curiosidades que alegran su haraganería y las cosas que de verdad pasaron le dan pie para imaginar las que no pasaron, y así va y vuelve vuestra merced de la realidad al sueño y entra en unos delirios, más propios de poeta que de estudioso, que le contagia al padre Frodman, para que el diablo se goce con los dos. Eso le pasa a vuestra merced, porque siendo hombre de pocas disciplinas y sin voto de obediencia como yo, deja descarriada la mente a su libre albedrío, y después, si la encuentra, bien, y si no, también. No le ocurre lo mismo a un fraile, que no es cobarde como me ha llamado vuestra merced por haber dado la razón al padre Frodman cuando me vino la luz de que la tenía y se vio claro que haría yo bien en ocultar mis debilidades al tiempo que también ocultaba las suyas, sino que es obediente este fraile que le escribe porque así se lo mandan sus votos. Razón tiene vuestra merced al advertirme que no es con la docilidad como se confirma mejor que uno es viril y que jurando en germano en sus narices se desmiente mejor la insinuación que el padre Frodman me hizo, pero cierto es que, ya fuera por quebrantos de la cabeza o por asombro, fijé mis ojos en sus partes más de lo conveniente, y tanto lo hice que, cuando recordando al tío de vuestra merced, y él a Pardellas, me hablaba de los dolores que sintiera doña Rosa, la madre del siervo, al arremeter el señor de Jundía y entrar en ella por ver de engendrarla, imaginé que don Ignacio de Lequerica llevaba un pingajo que en mucho debía parecerse al del presbítero, pues mientras hablaba éste y hurgaba en él, lo veía yo subir y bajar de consistencia, mas no de dimensiones. Ahora mismo, cuando hablo de eso a vuestra merced, me empieza a rondar la culpa por lo mucho que me fijé y por lo mucho que hablo y por la forma en que lo digo, ya que de estas cosas es difícil hablar con la delicadeza que un ministro del Señor debe hablar de las cosas. Dicho esto, pienso en lo difícil que tuvo que ser para el señor de Jundía convencer a doña Rosa con buenas palabras de lo que con buenas palabras no se nombra. Y volviendo a lo mío, pienso si el padre Frodman no tendrá alguna razón en las dudas de mi virilidad si no soy capaz yo de olvidarme de lo que vi, aunque diga vuestra merced que todos los hombres gustan de ver lo que siéndoles propio es a veces mejor o peor en otro, y cuando se dice mejor es que en el otro es más abundante. Sea como fuese, De la Sota, el pecado es del mismo tamaño, y la mejor manera de evitarlo será olvidarme para siempre de haber visto lo que he visto, y si el padre Frodman se empeña, tampoco lo he visto. Porque no se ocultará a vuestra merced que algún temor tiene el padre Frodman de que se me vaya la lengua con Su Eminencia, como se me va con vuestra merced, y cuente con la prolijidad que él me condena lo que quizá no viera yo y esté inventándome.

Pasan días y días y Su Eminencia no me requiere, y bien sé que no soy lo que a Su Eminencia le place tratar más, pero no suele transcurrir tanto tiempo sin que entre modorra y modorra me escuche alguna vez con asombro. Así que ya estará vuestra merced suponiendo lo que yo supongo: que no las tiene todas consigo el padre Frodman y para evitar disgustos a Su Eminencia trata de convencerlo de la necesidad de un largo viaje mío a Vitria y a Santa María del Viento para que mis averiguaciones permitan cerrar este proceso y en todo caso sean útiles para que metido a reconocer cuál de los dos cadáveres es el verdadero me olvide yo, y vuestra merced conmigo, de andar en otros detalles que si fueron ciertos ha hecho inciertos la santidad de Lequerica.

La primera vez que Frodman habló al cardenal de mi viaje, el cardenal negó con la cabeza y puso en ello tal rotundidad que vino Frodman desanimado y urdiendo otra estrategia. La segunda vez negó con un gesto más débil y se quedó dormido. La tercera habló y dijo no a secas y cuando despertó de una de las modorras preguntó cuándo emprendería yo el viaje y manifestó su deseo de verme antes de que lo iniciara. Pero Frodman teme que si me ve, si bien el cardenal me escucha y no me mira, cambie de opinión y suspenda el viaje.

—Quizá podría hacer el cardenal una pregunta a vuestra paternidad —dijo Frodman—: ¿Qué ganancia tendríamos, fray Carlo, con llegar a saber dónde está el cuerpo verdadero de nuestro venerable? —Esperó mi respuesta y como yo no hablé trató de amedrentarme con su mirada y dijo—: ¿Vuestra paternidad qué respondería?

Miré a Frodman con turbación, pues a ciencia cierta no sabría cuál sería la ganancia del cardenal.

—No bastaría a vuestra paternidad con saber como sé yo de la curiosidad de Su Eminencia, tendría que saber de sus intereses. En Santa María del Viento custodia el cadáver el Cabildo Catedral y los canónigos administran los óbolos y las ofrendas y en Vitria son los franciscanos los que recaudan, y el cardenal no es fraile. ¿Cómo podré garantizar a Su Eminencia la neutralidad de un franciscano?

Razón no le faltaba y el peligro es bien claro, como vio en sus invenciones el tío de vuestra merced, aunque ya hemos hablado de una sospecha: que lo que no quiere Frodman es que el cardenal me vea y a solas hable con él de lo que no debo. Tampoco es cierto que tantas ganas tenga yo de camino que venda el alma por tomarlo, tire a la cuneta el santo orgullo y consienta del presbítero los desmanes tan sólo por andar.

Pero ya no sé, De la Sota, qué es lo que interesa de esta causa ni por qué la investigo, y cuando mis comunicaciones dan fe de la santidad de Lequerica dicen que no es la vida lo que importa, sino dónde ha de hallarse su cadáver; y si el cadáver me dispongo a reconocer o a dar por cierto que no lo hay, entonces se vuelve a la vida o a los detalles de su muerte, o se hace un silencio y no parece que se tenga urgencia de proclamar su gloria. Tengo la impresión de que el diablo se goza en este enredo y de que es él quien manda sin que Dios lo ponga por una vez en su sitio, aunque tampoco sé cuál es el sitio del diablo, y ya lo veo en cualquier lugar, y por supuesto, entre Frodman y vuestra merced y persiguiéndome a mí.

Etelvino de la Sota a fray Carlo Bizzarri, 8 de agosto de 1749

Cada día hallo menos acierto con vuestra paternidad, padre Bizzarri, pues insiste en que ando yo en tratos con el Santo Oficio y que mucho temo al padre Frodman en cuya diversión al leerme ve vuestra paternidad las señas de una complicidad que no existe y acaso los motivos para unos celos que entiendo. Ahora le fastidia que me dé yo a adivinar lo que piensa vuestra paternidad, y me dice en el pasado correo, con razón, que ya dirá lo que piensa, si es que lo ha pensado, y que hable yo sólo de lo que pienso yo, y me advierte que hablo en demasía de lo que imagino y no se lo niego. No me ha sido preciso entrar en relación con el inteligente padre Frodman para advertir, fray Carlo, que no cuida vuestra paternidad la mirada como lo pide Su Eminencia y ya sabe que el diablo caza las miradas al vuelo.

Llamaron a la puerta una noche que era de mucho frío, viniendo del río mucha humedad, y en nombre de la Inquisición llamaron, y abrí con presteza. Se me alivió el ánimo cuando el presbítero que venía dijo no traer otra encomienda que la de preguntarme en nombre del padre Frodman si era yo cristiano viejo o tenía la sangre o el pensamiento viciados. Y preguntéles de dónde podía venirle la duda al padre Frodman y respondiéronme que la duda la tenía de hablar con vuestra paternidad de mí y contarle vuestra paternidad a él que era yo descreído más de la cuenta y muy burlón con los asuntos sagrados. Hube de aclararles que sólo respondía a lo que se me preguntaba con tal de ayudar a que se reconociera la santidad de monseñor Lequerica y que advertir cualquier cosa sobre dónde había dudas en torno a su virtud no me venía de relación alguna con el Maligno sino de comprobar los obstáculos que el Maligno ponía al expediente de la virtud. Dije que ponía mi vida a disposición del Santo Oficio si al Santo Tribunal le cabía duda de mis buenos propósitos, pero que si los designios de Dios requerían mi ayuda a la Iglesia del modo que fuera estaba dispuesto a prestarla. A pesar de la poca luz que había, y aunque yo no viera la cara del presbítero ni la de sus acompañantes, ni ellos la mía, oí una respiración que sonaba a conformidad y se fueron con Dios y quedé yo con Dios y en paz.

Pasaría algún tiempo sin saber de vuestra paternidad ni de nadie hasta que recibí una misiva del padre Frodman tendiéndome su mano de dueño, amigo y favorecedor y su bendición poderosa y dándome razón en las cosas que yo decía a vuestra paternidad sobre el hecho de investigar dónde se halla el cadáver verdadero del bienaventurado Lequerica. Dijo que celebraba comprobar que me acercaba a la cordura; mas no se salta, añadió, de estar con el diablo a no estarlo, por lo que habría de pedirme que a él y no a vuestra paternidad siguiera contando lo que de la virtud de Lequerica sabía. Y en eso sigo, aunque la desconfianza de vuestra paternidad le haga oírme ahora con más recelo.

Fray Carlo Bizzari a Etelvino de la Sota, 15 de setiembre de 1749

Mi estimado amigo De la Sota: se lamenta de que hable yo con Frodman de vuestra merced y nada dice de lo que a Frodman cuenta de mí porque a vuestra merced le cuenta el diablo. Pero ya que se lamenta de que el Santo Oficio lo visite de tan suave y particular manera, he de contar a vuestra merced lo que sucedió: que como anduviera unos días rezagado por no sé qué barrunto, mandóme llamar el padre Frodman, me sentó frente a él y me miró en silencio mucho rato. Me miraba con ojos de muerto, mas de vivo al tiempo, porque la mirada era fuerte y poderosa. Temí que fuera a dormirme y es que en este hombre no hay quién me diga a mí que no hay poderes que no son de este mundo. Y cuanto más se prolongó aquella mirada, más temí yo, sin bajar la mía, una condena o una mala comunicación.

—Dígame vuestra reverencia —supliqué.

Mantuvo la mirada y el silencio, o si soy más preciso he de decir a vuestra merced que se le enfadó la mirada por haber hablado yo. Parecíame que condenara mi impaciencia y los ojos de muerto fueron tornándosele al poco en ojos de loco. De repente sacó una voz cavernosa, como si hablara para dentro y del interior le saliera la voz con eco, y me dijo en su lengua propia algo que por haberlo dicho en alemán no entendí yo. Así que la cara de susto se me agrandó, y entonces él, como si hubiera sido educado para el teatro, rió de un modo tan desenfrenado que parecía que estaban riendo varios con él y todos de mí por mi miedo. La risa se prolongó y cambió de registros varias veces y se prolongó tanto que ya me distraje yo y de repente olvidé que reía. De pronto lo sentí a mi espalda, apoyándose en mis hombros.

—Como un resucitado veo a vuestra paternidad —dijo—. Ha de agradecerme estar vivo en esta hora.

—Gracias doy a vuestra reverencia. —Hablé con sumisión y al dictado de alguien que no sé y que pudo ser el Espíritu Santo sin saberlo.

—Se preocupa Su Eminencia por la salud de vuestra paternidad —me anunció.

Sentí el impulso de decir que mi salud era buena, mas de pronto advertí que debía decir otra cosa.

—Dé mis gracias a Su Eminencia por su afecto de padre —se me ocurrió decir sabiendo que con eso no daría un traspiés.

—La mala salud de vuestra paternidad le ha salvado la vida. —Su voz cobró un tono íntimo y apagado y no fui capaz de contradecirle en su declaración sobre mi salud, que estimé interesada—. Leyó Su Eminencia en noche de vigilia las cartas de De la Sota —me aclaró— y vio en ellas tantos delitos de herejía que después de enumerarlos con paciencia decidió condenar a vuestra paternidad.

—Las cartas eran de De la Sota y no mías. —El miedo me llevó a acusar a vuestra merced—. ¿Acaso pueden condenarme a mí por las cartas de otro? —dije acordándome de Caín, pero quizá influido por mi certeza de que el padre Frodman y vuestra merced habían entrado ya en relaciones que estaban cambiando el carácter de vuestra merced.

—Vuestra paternidad es ministro del Señor y no él y un pájaro más a mano que el huidizo pájaro de De la Sota.

—¿Huidizo? —Me extrañó la expresión.

—Sí, huidizo, fray Carlo. —Dio la vuelta, se sentó de nuevo a su mesa y frente a mí, tomó mis manos entre las suyas con el ánimo de la confidencia, y su voz era ahora la de la confesión; ya os he dicho que se torna en confesor siempre que quiere—. ¿Cuándo y dónde conoció vuestra paternidad a De la Sota?

—Conocí a su tío en Sevilla, en los Archivos de Indias que frecuentábamos entonces. No volví a verlo y con este joven sólo me unen las cartas.

—Que los unen mucho —dijo, no sé si como insinuación o como reproche.

—Escribe en ellas lo que es su juicio y no el mío.

—Yerra vuestra paternidad —dijo él a favor de vuestra merced— porque hay en sus epístolas más juicio de Bizzarri. —Sus ojos volvieron a enfurecerse y me apretó las manos para que no lo interrumpiera—. Mire: es De la Sota como un reloj al que da cuerda vuestra paternidad, y tanta cuerda le ha dado que sus manecillas se agitan adelantando las horas y los días, y de tanto disparate dan noticia de un tiempo que es y que no es, de modo tal que pareciendo que nos da la hora que nos marca nos está dando las horas que no existen.

—Así es, mas no por mi cuerda. —Volví a traicionar a vuestra merced por el miedo y por no haber entendido a las claras.

—Lo cierto es que a veces parece que le maneje la pluma el diablo y otras, la Divina Providencia, y cuando es la Providencia la que lo alumbra, entonces aconseja a vuestra paternidad como es menester porque teme sus desvaríos.

—Así es —dije por conformarlo y porque esta vez sí entendí.

Parece que quedó conforme y soltando mis manos miró a un lado de la estancia como si de allí le viniera el pensamiento.

—Es listo De la Sota y admirable por ello... —Hizo una pausa por ver qué decía yo y prosiguió al ver que nada respondía—. Más curioso que el diablo y por esta causa peligroso, y más peligroso aún porque imagina.

—Y es pecado la imaginación —dije convencido y por ponerme en mi sitio. Y por si lo hubiera dicho sin mucha convicción, repetí—: Sí, es pecado.

Respondió él con la contundencia que bien le conozco:

—No siempre, pero está claro que De la Sota al imaginar no ha tomado el camino cierto.

—¿Es eso lo que cree vuestra reverencia?, ¿qué piensa Su Eminencia de eso? —dije con suavidad y como interesándome con afecto filial, pero no lo entendió Frodman de ese modo.

—Vuestra paternidad debe cuidarse de escrutar el pensamiento de nuestro cardenal, pues no por el suyo, tan clarividente, sino por el mío al que a veces el diablo da consejos —una inesperada sonrisilla le cambió el rostro— está vivo vuestra paternidad.

—Gracias —repetí, intuyendo que el padre Frodman se vengaba con sus artes de mi visión de la mujer desnuda.

—Vivo está —aclaró él. Y dándose mérito aclaró más—: Vivo y en el mismo encargo. No fue fácil calmar la santa ira de Su Eminencia, pero el propio De la Sota afirma que si tenemos clara la santidad de fray Juan de Lequerica vano es averiguarla, y tal afirmación en quien se confiesa incrédulo debía tanquilizar a Su Eminencia, y así ocurrió. Lo que hice yo fue ir separándole al cardenal lo bueno de lo malo. Y salvé a De la Sota, a quien de no ser por burlón, si bien para vislumbrar la herejía basta a veces con la burla, no habría más razones para la condena.

—Muy indulgente fue vuestra reverencia con De la Sota. —Quería agradecerle que fuera tan bondadoso con vuestra merced porque así lo era conmigo.

—Mas la indulgencia no podía alcanzar a vuestra paternidad, fray Carlo, porque dijo Su Eminencia —y observaría Frodman cómo el nubarrón del miedo me apagaba la cara— que hace decir a De la Sota lo que no quiere y en De la Sota al fin hay admiraciones por nuestro siervo a las que, según Su Eminencia, es reticente vuestra paternidad. De la Sota no sólo tiene por santo a Lequerica sino que por sabio lo nombra de un modo más mundano que es verdad que no interesa a nuestra causa.

Hablé yo entonces con firmeza, seguro de que el padre Frodman haría alarde del favor que le debía.

—Dígame, por amor de Dios, ¿cómo convenció vuestra reverencia al cardenal de que estaba errado?

—Su Eminencia jamás incurre en el error —corrigió mi desvarío— y error suyo pudo ser, sin embargo, haber elegido a vuestra paternidad para trabajar en esta causa.

—Lo que demuestra, padre Frodman, que todos erramos alguna vez. Duéleme a mí más que a Su Eminencia esta falta, mas servir a la Iglesia en una investigación como ésta es ya más pasión que devoción, a vuestra reverencia se lo aseguro.

—No tiene que asegurar lo que bien se ve, pues si vistiera los hábitos de santo Domingo o san Benito, por ejemplo, otras serían las artes de vuestra paternidad, pero siendo inseguro y pobre de espíritu nada ve que no vea el tal Etelvino de la Sota y en esa ingenuidad es donde quise yo hallar los argumentos para conseguir la misericordia de Su Eminencia. —Después de haberme llamado ignorante a mí y a los franciscanos a la vez, se levantó y se arropó con un manteo, no sé si porque sintió un frío súbito, para revestirse de mayor solemnidad o por hacerse de una gravedad que estimó le faltaba. Y siguió hablando—: Dijo Su Eminencia que lo buscó franciscano porque siendo éstos los que más interés mostraran por la beatificación del siervo de Dios, hallarían en el diablo menos obstáculos.

—No le faltó luz a Su Eminencia...

—Jamás le falta, fray Carlo.

—Mucha es la devoción que mis hermanos en religión sienten por quien vestía nuestro mismo hábito —proseguí.

—Y no poco el interés porque el cadáver de Vitria sea el verdadero. —Fijó sus ojos en los míos para que no se me escapara su intención.

—Estén donde estén los restos venerables, son los

restos venerables de un franciscano venerable —dije en disculpa de mi Orden y como si no hubiera advertido lo que Frodman quería insinuarme.

—No ignora vuestra paternidad que en contra de la voluntad del clero secular al que pertenezco —pasó los dedos de un modo cimbreante por los botones de su sotana marcando las diferencias— mandó el Rey de España a fray Juan de Lequerica a regir los destinos de la diócesis de Santa María del Viento.

—Había muerto el titular y muchas eran las ambiciones de poder de los canónigos. No debe extrañar a vuestra reverencia que quisiera el Rey un hombre de virtud para aquellos dominios...

—El abogado del diablo es vuestra paternidad y no yo —me advirtió esta vez—, mas veo que también es abogado del Rey de España.

—Pues si lo soy diré que no tiene el diablo reparo que poner a que fuera la virtud de Lequerica lo que le hiciera resolver al Rey, contra el que tampoco este abogado del diablo tiene reparos, que fuera él y no ninguno de los canónigos de Santa María del Viento el ordinario de aquel lugar.

—No sé si los canónigos, o el diablo por ellos, dicen otra cosa, aunque bien pudiera decir vuestra paternidad lo que dice porque así se lo aconseje el diablo en defensa de los franciscanos.

—Ignoro de qué cosa hablaron los canónigos o el diablo a vuestra reverencia.

—Ni con el diablo ni con los canónigos he hablado. Pero hace mal en ignorar lo que es historia verdadera, ahora que he convencido a Su Eminencia de que es bueno oír al diablo, aunque no lo sea tanto hacerle caso. —Y me miró como si de pronto volviera una hoja en su facistol, porque así conviniera, a favor del diablo—. Mostróse complacido el cardenal por la ocurrencia y pasó de enfurecerse por lo que el diablo cuenta a reírse del diablo.

—Siento mucho no poder complacer a Su Eminencia —temí una nueva trampa del padre Frodman— pues no soy yo enviado del diablo y de sus risas.

—Mal cumple entonces su encomienda, fray Carlo, si no sabe siquiera que acusaron los canónigos al Rey de haberles enviado por obispo a lo que en Vitria sobraba por sus escándalos. Si de las investigaciones de vuestra paternidad no se desprende, pues bien es verdad que de esas investigaciones se desprende poco, a De la Sota habría de preguntarle.

—¿Otra vez? Dirá luego vuestra reverencia que cuanto digo, por enfermedad lo digo, y dirá bien si consigue así de Su Eminencia la mansedumbre para con este pecador.

—Observo su ánimo contrito y lo celebro.

Cambió la gravedad por sonrisa conforme. Tomó luego una estola morada del mismo cajón donde guarda los bollos, cerró sus ojos para dar a entender que lo que iba a hacer le era mandado, y haciendo nuevo uso de su voz cavernosa y en un latín que parecía alemán y más cavernoso lo hacía todo, como si hubiéramos hablado en confesión, me absolvió de mis pecados.

Etelvino de la Sota a fray Carlo Bizzarri, 30 de enero de 1750

Desde que no me escribe, fray Carlo, pláceme a mí saber de vuestra paternidad por el diablo mismo, que por él sé que a punto está de terminar con sus carnes en Génova, y recluido, para que su castidad quede a salvo. Cuéntame Frodman en cuántos delirios anda inmersa la mente de vuestra paternidad y cómo hiede a orín angélico su celda desde que cultiva la amistad de los ángeles como Lequerica hiciera. Dice el demonio que le han cambiado los andares a vuestra paternidad de tanto imaginarse por los prados como avecilla y que no va a poder el Santo Oficio darle castigo tan sólo con meterle en prisión, pues vuela trucando sueños o éxtasis con ardientes deseos del Maligno, y que cuando le urge la carne y se le subleva por donde juega el demonio a tocar por sensible a vuestra paternidad, oyen los vecinos de celda unos ayes que delatan a vuestra paternidad. Y no es que se queje el demonio como vuestra paternidad se queja, atiplando la voz, pues cuenta Frodman que al derribar la puerta de la celda tan afanado andaba vuestra paternidad en el delirio que se agarraba los pechos, como si de pechos de mujer estuviéramos hablando, y su voz más fina se tornaba, y ya sabe que el diablo tiene voz de tenor. Ya le dije yo a Frodman que no se obsesiona por la espingarda de otro quien tiene la suya muy segura, y díjome el presbítero, no sin risas, pues escribe las risas o ríe el papel cuando yo leo sus cartas, que tan incierta por menuda es la de vuestra paternidad que muy difícil trabazón hallará en un cobijo. No es que afee yo la escasez de vuestra paternidad porque en mi modo de entregarme al diablo, igual que lo hiciera mi tío, me fuera dado gozarme en su brevedad de varón de la que me dan fe, sino que entiendo así que le deslumbre del macho lo que en el diablo deslumbra por su abundancia. Mas abunda en detalles Frodman y niega que lo pequeño en estos casos sea bastante para pecar con mujer, como en él es inevitable, y cuéntole yo casos en los que fue lo breve tan jugoso, y tan torpe lo sobrepasado en peso y dimensión, que fue el pecado más, si es que se mide el pecado en cantidad por el mucho gozo. Rió el diablo dándome la razón mientras lo escribía, pero ya sabe que Frodman es más desconfiado que el diablo y muy satisfecho está de ser tan grande en todo. Acaso fue por eso por lo que díjome en nueva carta que una cosa es lo pequeño y vigoroso y otra lo que de tan dormido y apenas relevante casi no es nada, por lo que hube de entender, puesto que de vuestra paternidad hablábamos, que su atributo de varón casi no era atributo ni era apenas un brote. Pero si vuestra paternidad se fijó con desmesurada insistencia en el cuerpo de Frodman por la parte que nos ocupa, mucho debe haberse fijado él en el de vuestra paternidad por la parte que casi no existe, porque dice que se ve que Dios no tuvo la intención de hacer macho a vuestra paternidad, y que por eso le dejó una hembra dentro, que es la que mira, y la que se arrebata en ayes tocándose los pechos que no tiene; la que saca la voz cuando el deseo puede a vuestra paternidad y la que anda ahora soñando con los ángeles porque se ha vuelto loca en un cuerpo que es toda una prisión. Pensará que habla así Frodman porque el diablo lo manda, y yo que sé bien de esos mandatos le daré la razón, pero si lo manda el diablo es porque sabe el diablo lo que hace y entre sus travesuras se cuenta la de dejar a mujeres encerradas en cuerpos de hombre y encerrar a hombres en cuerpos de mujer. A Frodman le basta con que tenga vuestra paternidad esa maldición, ahora que os quiere mal, y mal os quiere porque ve en vuestra paternidad peligro de que vaya a contar a Su Eminencia, que por ligero en la lengua lo tiene, sus holganzas en hembras, sus furtivas andanzas. Pero el diablo no obra por capricho, y en vuestra paternidad como en tantos, según me confirma el propio diablo, no ha querido otra cosa que demostrar que la naturaleza también es presta a los engaños y que la obra de Dios, amén de no ser perfecta para no contradecirse en su propia crueldad, es ambigua o poco determinada. Dice el diablo que no se da él mérito en estas confusiones de meter una hembra en coraza de varón o a un varón en la fragilidad de la hembra, puesto que haciendo eso sólo hace lo convenido, y aunque no se atreve a declararlo, lo convenido es voluntad de Dios, porque quizá no hablemos de voluntades distintas. Me aconseja Frodman que no haga yo más conjeturas de las precisas, que el teólogo es él, mas por eso mismo quizá habla el diablo conmigo con otra llaneza. Y hasta diría que con más confianza. También es verdad que así, poco a poco, se gana la mía. Por eso he sabido del propio diablo que no ha sido él ajeno a la elección de vuestra paternidad como abogado suyo en la causa de beatificación de monseñor Lequerica, pues también en Lequerica anidaba una doncella, y no era para el diablo otra cosa que modos naturales del engaño, evidencias de que nada es tan definitivo como suponemos, ni siquiera él y Dios, porque es de suponer que Dios a veces se descubra con el diablo dentro de su inmensa y gloriosa naturaleza, como en la inmensa naturaleza de Luzbel dice descubrir él a veces debilidades de Dios, de modo tal que ha llegado a pensar que entre él y Dios haya otro, u otros.

Díjome Frodman que tembló al leer mis locuras, y

que ni siquiera el diablo las aprobaría, mas bástale a Frodman con delatar a vuestra paternidad ante el peligro cierto de que dé a la lengua rienda suelta y dolor al corazón del cardenal, que aunque no cuenta Frodman las razones por las que se duele tanto Su Eminencia al saber de los goces de Frodman con la carne, no es que el pecado lo posea lo que tanto le duele, según el diablo me inspira en este instante, sino porque la mujer que encierra el cardenal, y que ya duerme de vieja y de cansada de no poder salirse de ese cuerpo, más que como ayudante se hizo traer a Frodman de Alemania para que entrara Frodman allí donde ella se encontraba forzada en su prisión. En esto tiene el diablo su indiscutible mérito, pues no contento con encarnar mujer en Lequerica, quiso que fuera santa un santo o santo la santa, y para tal empeño buscó a una criatura, cercana al Papa, también jaula de hembra, y otra jaula también hizo de vuestra paternidad. Pero vuestra paternidad se preguntará qué hace Frodman en todo este proceso si a mujeres guardadas en cuerpo de varón se les ha encomendado tanto enojo, y en eso ha de ver vuestra paternidad que la fortuna no la reparte por igual ni el diablo. Vuestra paternidad es un fraile humilde y sin consuelo, solo en la celda, imaginando valles y frescores, los ríos que en la sangre se contienen, sin cauce ni manera de desembocar en mar alguno, y al fin víctima va a ser del Santo Oficio. Su Eminencia ha llevado el engaño con adorno y ha merecido que tenga quien le acune, pues ahora la niña que lleva dentro se amodorra.

Si no le place a vuestra paternidad escribirme no me escriba ya más, que al diablo harta el retraso en la gloria que Lequerica espera; lo que quiere el demonio en los altares es el engaño, y teme que si a razones se atiene vuestra paternidad, por abundar en ellas no al obispo que fue va a glorificarse, sino a la hembra que llevó en su alma. Y ríe el diablo haciéndose a la idea de que al fin acaben glorificando a una Juana y no a un Juan, y en ese caso entre sus manos tendrían que poner palma de mártir. Y ríe el diablo más porque imagina que fue una mártir la que, siempre dentro, nunca pudo salir, aunque se holgara en camas con dosel, como hemos visto.

No me escriba vuestra paternidad si no quiere que el diablo le dé sus instrucciones en mis cartas, porque mi mano ya no es mano propia sino la mano de él que ahora se posa en el fofo cuerpo de cautivo de vuestra encerrada paternidad.

Fray Carlo Bizzarri a Etelvino de la Sota, 7 de abril de 1750

Pídole a Dios por el alma de vuestra merced, tan presto como está a la traición, a la calumnia, a la ofensa y a la blasfemia misma. Al Santo Oficio no pude ir con la carta que vuestra merced me enviara por vergüenza, temí que sospecharan de mí que mujer era y al observar mis manos delicadas me dieran por engendro. Mas fui a contar que un poseído es vuestra merced y un loco Lucifer y prometiéronme acudir en búsqueda de quien así se manifiesta. De Frodman no conté lo que vuestra merced cuenta de él, pues para Frodman tenía reservada otra desdicha: que fuera Su Eminencia quien reconociera al diablo en su presbítero y al fin lo condenara. Y ahora va a saber vuestra merced cómo se consumó aquella venganza.

—Hable por boca del Maligno —me pidió el cardenal con voz tan débil que no quería ser terrena voz, de tan misteriosa, ambigua y ahuecada. Mas era al mismo tiempo muy terrena por lo convencida—. Sabemos que le hostiga en la enfermedad el diablo y convida a vuestra paternidad a decir infundios.

Se levantó, adelantando las piernecillas cubiertas de zapatillas muy bordadas que despuntaban en su orondez, y mirándome a la cara como no había hecho antes, sacó su voz de exorcista. Ahora sí que parecía una voz del más allá y, al contrario que la de Frodman, era atiplada. Quería que echara al demonio por la boca.

—Mi salud es buena, Eminencia —me defendí.

—Venga —dijo desatendiéndome. Y entonó la orden—: Hable por boca del Maligno.

Miré al padre Frodman con la perplejidad que estará imaginando vuestra merced, y dijo Frodman que hablara sin cuidado. Atendí pues a su recomendación:

—Antes que hablar por la boca del diablo, Eminencia, tendré que hablar por la mía. —No sé si se me notó la rabia y la indirecta.

—Hablará vuestra paternidad por la que Su Eminencia pida —dijo Frodman, haciéndome reparar en que, aunque no tuviera cuidados, un cuidado sí debía mantener: la obediencia debida al señor cardenal. Mas ignoraba Frodman que peor sería para él si hablaba yo por boca del Maligno.

—Déjelo, padre —mandó el cardenal—, que ya está hablando el demonio como un rebelde, ¿o no lo oye vuestra reverencia?

—Puedo jugar a hablar como Lucifer, si a Su Eminencia place —repuse—, mas tengo gran temor a semejantes juegos.

—¿Niega nuestra sabiduría del diablo, la toma como juego? —Se irguió el cardenal con una fuerza que de algún ancestral patrimonio o baúl de atributos recuperó de pronto—. Déjeme a solas con él —ordenó al padre Frodman.

—No es bueno que quede a solas con Satanás —se resistió Frodman a abandonar la sala, melifluo al hablar, temiendo sin duda que fuera peor la boca del diablo que la mía.

Insistió el cardenal en su orden con más brío en la voz, con la energía nueva aumentándole la estatura. El padre Frodman advirtió primero al cardenal que podría llegar a arrepentirse, y como lo viera con la mirada extraviada mucho más de lo que es común, salió, y mientras salía, temerosa y lentamente, hacía reverencias con el cuerpo inclinado hacia donde Su Eminencia estaba, que estaba en una especie de tarima que no era la principal, mas la mirada amenazante y hosca de Frodman se volvía hacia mí, que me hallaba a distancia de Su Eminencia y sentado en un banquillo modesto y sin respaldo. Se levantó el cardenal y me señaló un diván que siempre vi desocupado y nuevo, y entendí por su gesto que pedía que me tendiera allí, sobre la hermosa tapicería de damasco. Arrastró luego sus piececillos y vino provisto de un hisopo, cerré los ojos y noté el frío del agua, y oí un murmullo de oración o conjuro en un latín que también parecía germano.

—¿Qué ve? —preguntó en un italiano diáfano, mezclando en la voz la tozuda imposición de una orden con la seguridad ritual del que espera una visión.

—Una mujer desnuda —anuncié burlándome de Frodman.

—No es posible —dijo contrariado—. ¿La está viendo aquí?

—Tiene pechos de nieve y donde no hay nieve surge, rugoso, un montículo en el que calma la sed un hombre desnudo...

—Luzbel —dijo—. ¿Dónde la ve? —insistió.

—Bebe el hombre de su manantial, sacia la lengua seca en el frescor de su montecillo...

—Dónde, dígame vuestra paternidad, dónde... Obsceno Satanás, dígame dónde...

Daba paseíllos, inquieto, Su Eminencia alrededor del diván donde yo proclamaba mis visiones.

—Ahora el hombre la tiende y pasa sus labios por el cuerpo de la mujer hasta...

Me interrumpió con agobio:

—Calle y dígame dónde, ¿dónde está..?

—Ya no se ve la cara del hombre —seguí calmado, pensando cuanto tenía que decir—, está hendida la cara en un resplandor que sale a la mitad del cuerpo de la mujer, en la hondonada de la que brota fuego...

—Dígame dónde la ve. —Se agitaba, manoteaba en el aire fuera de sí—. No hable más y dígame dónde la está viendo —gritó.

—La veo ahora de espaldas y el hombre la arropa con una sotana. —Desobedecía, no respondía dónde, en el frenesí descriptivo que me dictaba el diablo.

—¿Con una sotana...? —Alzó la voz—. ¿He oído bien?

—Con una sotana —repetí.

—¡Padre Frodman! —llamó con una voz inesperadamente cansada e ineficaz para su intento de que Frodman lo escuchara—. Llame al exorcista —dijo, como si el padre Frodman estuviera cerca y lo hubiera oído—. No ha escuchado, claro —se lamentó—, no ha escuchado, no está atento nunca... —se enfadó con Frodman.

Y mientras decía esto se sentaba y se llevaba las manos a la frente como si el mismo repentino cansancio de la voz le alcanzara todo el cuerpo y lo aturdiera. Después, también de un modo repentino, volvió a llamar al padre Frodman, sin éxito.

Hubo de levantarse al fin, mirándome con miedo, y salió después, tambaleándose, a la espaciosa galería que llevaba de su sala principal al gabinete de Frodman. Ya estaba sentado yo para verlo como una nave a la deriva, sin equilibrios, pues tan pronto su cuerpo se rozaba con el extremo de una pared como lo hacía con la otra. Luego anduvo firme, mas a tientas. Como quien huye o busca sabe Dios qué. Lo perdí de vista y sentí un miedo nuevo, porque el miedo que estaba sintiendo era más miedo que el que había sentido nunca, y no era miedo al cardenal, al que le sobran caprichos y poder para tenerle miedo, sino un miedo a Frodman, que todo lo disfraza y lo envilece y otra vez habíame tendido una trampa en la que hablé poseído por la locura que trae el miedo. Pero ese miedo en lugar de desvelarme me embelesó, me amodorré al modo en que otra veces suele hacerlo Su Eminencia y me despertaron unos gritos, los gritos afilados y píos del cardenal y las voces distintas de Frodman, rígida y monótona primero, algo despectiva después, cavernosa luego, engreída y amenazante a continuación, injuriosa o blasfema porque se terciaba, y pasando del latín al alemán y del alemán al italiano, usando siempre la lengua precisa para cada efecto, y hasta oí un insulto en francés que dirigió al cardenal, como si no le temiera, ya que bien claro quedó que no lo respetaba. Se acercaban las voces en el eco de la galería, retumbando en las bóvedas, y el ruido de las zapatillas episcopales al andar. Su Eminencia se abría paso a duras penas entre el estrépito de los zapatones de Frodman que hacían temblar el suelo donde los ponía. Ya llegado a la puerta, hizo el cardenal como que se la cerraba al presbítero en las narices y lo empujó hacia dentro el presbítero y cerró él mismo la puerta en un gesto de dominio que aumentó mi miedo. Como poseído de una energía, que ahora parecía milagrosa, se irguió Su Eminencia y prosiguió su camino enhiesto hasta la poltrona principal de la sala donde descansó con una aureola de soberbia que yo no le había conocido. Como por un impulso quedé postrado de hinojos, quizá porque tal postración me ocultaba la cara de espanto, y Frodman adoptó una posición reverente que no parecía acorde con lo que yo pude oír unos minutos antes, quizá por el arrepentimiento de haber maltratado al cardenal o para disimular ante mí sus confianzas.

—Observe Su Eminencia cómo se reclina el demonio en su juego —me señaló el padre Frodman, luciferino, arqueando las cejas y dando ligeros puntapiés—. Es hábil en el engaño, Eminencia.

El cardenal se levantó más ligero, airoso incluso, más joven, y eludiendo la visión de Frodman acudió a un espejo principal enmarcado de ángeles y se situó ante él con una rebuscada prestancia y una simulada complacencia. Posó ante el espejo como para un retrato, y se miró, primero, con solideo puesto, y después sin él; se quitó la esclavina y se la puso una vez y otra, y luego empezó a acariciarse la cara como si estuviera detectando cada una de sus arrugas o sus manchas, los vestigios del tiempo en su rostro de anciano. Sonrió en el remate de aquella ceremonia como quien hace una mueca y luego forzó una gravedad mayor que la suya propia.

—No pasa el tiempo por Su Eminencia —dijo Frodman, y el cardenal pareció no atender al halago.

Cuando se me acercó Su Eminencia con la mirada paternal que con santa envidia le había visto poner antes en otros, escapó el miedo de mí como por ensalmo. Una lágrima rodaba por el rostro húmedo de Su Eminencia y era como el agua fresca que caía al terminar la tormenta del pánico. Después de mirarme, benévolo, entretuvo las manos en su pectoral y jugó con los brillos de su pedrería. Miré a Frodman y una especie de rayo mortal cruzaba sus ojos anunciando la inminencia del odio.

—Es vuestra paternidad un visionario, hijo mío —me dijo Su Eminencia—. Creíamos que hablaba por la boca del diablo y era Dios quien movía sus labios para traernos claridad.

La mirada de Frodman quemaba mis palabras y hacía de mi lengua cenizas, mas pude dominar el gesto y alcé la cabeza con la altanería del vencedor.

Quedó pensativo el cardenal, traspuesto y sin modorras, reconociendo el desengaño. Se le fue el brillo que tenía su rostro ante el espejo y envejeció a mis ojos y vi en los suyos otra vez las lágrimas. Adelantó las manos hacia un lado, agitándolas, con ligereza y sin titubeo, para indicar a Frodman que saliera. Tembló el suelo por la rabia con que pisó el presbítero en la madera, fuera del espacio que cubrían las mullidas alfombras. Me miró Su Eminencia con sonrisa de gratitud y acogimiento y se puso en pie en seguida para, cerrando los ojos, darme la bendición que recibí postrado.

TERCERA PARTE

VIII

—

EL REVERENDO WALTER FRODMAN INVITA A ETELVINO DE LA SOTA A ESCAPAR DEL SANTO OFICIO E INGRESAR EN EL CONVENTO DE VITRIA

Cuéntame el diablo, De la Sota, que ninguna señal tiene vuestra merced de que se halle vivo o muerto este fray Carlo Bizzarri que enfermó de osadía. Y así ha de ser, por la comunicación que a vuestra merced doy ahora: ha terminado con sus carnes en la celda lúgubre y carcelaria de Génova donde la humedad acabará muy pronto con sus huesos. Creyó haber poseído en su mansedumbre el corazón de Su Eminencia, y a fe que lo poseyó, mas lo poseyó por el poco rato que le duró el coraje al cardenal para apartarme de su lado, y el tiempo no pasó en balde, pues mientras pasaba el tiempo más era su aflicción por tenerme lejos de él.

Sabe vuestra merced muy bien que mi hombría no pasa por pruebas, y el diablo sabe mejor que si me somete a la prueba de que mi gusto por mujer sea cambiado por otro gusto, no podrá contar con mi alma como ahora cuenta. Pero nada de esto sabe Su Eminencia y tiene con la edad tan dormido el deseo que le place tan sólo tenerme por arcángel fuerte, y comprobar que lo soy allí donde los músculos con su robustez me hacen a sus ojos un san Miguel entero y verdadero. Sólo protección implora de tan infeliz como se siente, arrastrando un cuerpo que, al verse en los espejos, le parece milenario, y al evocar el que fue se da a una minuciosa relación de sus encantos, difíciles de imaginar para cualquiera, y más para quien como a mí los encantos de varón son tan ajenos. Bástale a él con que le escuche la lista de primores que le adornaron y acaso ve en mis ojos admiración al oírlo, mas no es tal lo que por dentro siento ni otra cosa a mis ojos le sucede que no sea ablandarse al comprobar que el tiempo nos trae el mismo desconsuelo que a él, la desdicha de irnos arruinando como se arruina Su Eminencia sin que la ropa cárdena consiga distraernos de la negrura que se apodera de su rostro.

Teme a la muerte, me confiesa, y quiere que arrulle sus cortos días de vida con canciones que yo aprendí en mi tierra. Háblole yo del Paraíso y se sonríe, pues de encontrarse allí con Lequerica dice con guasa que buenas migas no harían. No sabe si el infierno es más tranquilo de tanto como le cansa investigar a virtuosos, y en esto le conmino a que no haga de la confianza y la amistad peligro de confidencia que ponga en riesgo su alma, mas toma mi mano y la lleva a su corazón, temblando todo, y dice que allí tiene su alma, también temblorosa, y mortal dice.

Toda inmortalidad reside en la memoria, divaga el cardenal, y luego niega haber divagado así y culpa al demonio. Vive el que fui porque recuerdo ahora lo que fui, me dijo, y negó después haberme dicho tanto. Mas me dijo también que el diablo sabe que aspirar a ser santo es un empeño de vanidad podrida, aunque la mayor condenación sea el olvido. Y cuando repetí su aserto recomendóme que no anduviera yo cambiándole las palabras y que lo condujera al lecho para descansar de esta vida humillante, dijo pasando lentamente su mano por mi rostro, buscando en él quizá su perdido deseo, diciendo que su edad ya es un naufragio; su cuerpo, un barco a la deriva, como aquel en el que el bienaventurado Lequerica iba a su destino final sin hallar puerto.

Mentarme a Lequerica trae fatiga a mi cuerpo, se quejó, de tanto ir y venir por sus historias, tan tontas y frailunas. Mas dice el Santo Padre, recuperóse para advertirme y púsose firme tan sólo en un instante, que concluyamos ya este proceso de beatificación pidiendo al Espíritu Santo las luces que nos faltan. Por luces que no sea, dije yo, que aquí luces nos sobran; si no hemos concluido no es por falta de luces sino por ganas de encandilarnos con Bizzarri y poner dudas donde evidencia hay. Pues no nos sobra el tiempo para complacer al Santo Padre, pensaba el cardenal y así lo dijo, vea qué destino da a ese frailucho o devuélvalo a su convento ahora.

Íbamos a su aposento y arrastraba su cuerpo, yo no quería darle más aflicción, pero su mansedumbre en ese instante no era prudente y acaso importuna: si a su convento va, ya dirá en su convento lo que a él le convenga, advertí al cardenal.

Ya sé en qué está pensando vuestra merced, sonrió con diablura. No en la muerte, por Dios, me excusé. La muerte con demora, contestó.

Pero ya en la cama, Su Eminencia entró en delirios y como si fuera a agonizar pidióme que no faltaran los ángeles allí donde entronizáramos a Lequerica y que los viera yo para entender que a él mismo, o sea, a Su Eminencia, sucedióle que a veces le orinaron los ángeles tanto los lienzos que llevaba encima como el prístino paño en el que ahora mismo su cuerpo descansaba.

Vuelta al orín angélico, De la Sota, que vuestra merced tiene por pervertido olor y Su Eminencia dijo entender muy bien. No sabe, Frodman, dijo, cuánto ángel jugó en este mi lecho y palpó aquí; quiso tomar mi mano y conducirla a su pecho desnudo, sin pectoral ni paño ni nada que lo guarde. Se resistió mi mano y él la buscó con ansia y diome pena ver a aquel anciano buscando que tan sólo comprobara yo que un ángel dio consuelo a su secreto. Todo para decir después que no otra cosa quería que hacerme comprender que Lequerica compartía con él una misma pasión, y que su muerte fue un descuido de ángel; como si vuestra merced ahora, Frodman, dijo, clavara un puñal en este pecho por ver mi santidad manar como la sangre, tal cual pasó al beato al comprender que la vida terrena quedaba entre las manos de un capitán, Oswaldo Vera. Los anillos en los dedos de aquel noble guardián relucían, dijo, y pidió que trajera yo sus anillos y en mis manos quiso ponerlos y evadí su intento, mas el diablo díjome al oído que el brillo es nuestro secreto empeño, el más querido. El brillo es lo que burla; para burlar el brillo, díjome Luzbel, pon a brillar tus manos.

¿Acaso se me muere?, preguntéle al demonio, como si cosa mía fuera el cardenal, y respondióme que cosa mía era, y que atendiera a lo que me decía, porque no se moría, mas creía morir como Lequerica para contar que así había sido su muerte, poniendo sus anillos en manos deseosas. Púseme, pues, sus anillos en mis manos y al diablo las mostré.

Manos de Oswaldo Vera, una breve risilla afloró en Su Eminencia al decirlo. Traiga los pectorales, ordenó, y en esto su voz y la del diablo eran la misma. Con su gesto me dijo el cardenal que colgara en mi pecho todo aquel oro, toda su pedrería, y brillaba mi pecho y dijo el diablo que el suyo al mismo tiempo. Traiga la mano y viajemos juntos, suplicó el cardenal, y le entregué mis manos enjoyadas, las apretó en las suyas y se quedó dormido. Creí que el tiempo no pasaba, prisioneras mis manos, rumoreando el diablo en mis oídos que allí las sostuviera.

Hasta que Su Eminencia retornó de la modorra, más vivo que antes, y príncipe me llamó, pues como un príncipe yo me hallaba adornado. Mas pasó de ese trance a darme órdenes: que trajera papel y que pluma trajera, que iba a explicarme ahora lo que fuera un prodigio.

He hablado antes de barco a la deriva, dijo, y es que a la eternidad unos llegan dormidos y otros cansados de la mala mar. No supe qué decir, parecía que el cardenal hubiera ido a la eternidad y vuelto de ella muchas veces. Mas escribí lo que dijera y lo que dijo fue que el barco que llevaba a Lequerica de Santa María del Viento a Vitria fue por un mar en calma largo rato y vieron luces luego por los cielos, luces de rayo que anunciaban muerte, y el mar no se está quieto si eso pasa. Tembló con los truenos la embarcación y a la sentina llevaron su cadáver.

¿Era cadáver?, pregunté. Ya era cadáver, contestó. Partióse a la mitad la nave, prosiguió y calló. Partióse y qué, rompí el silencio yo.

Como si hubiera de consultarlo en sueños, se amodorró Su Eminencia y fuime yo a calmar con tortas las urgencias del hambre que no respetan ni el relato de los prodigios.

Pero no había engullido las tortas suficientes y parecióme oír que Su Eminencia había regresado ya con solución del sueño: media nave corrió llevada por los ángeles y encalló en Santa María del Viento, en propia playa; la otra media siguió el mismo destino, mas en contraria dirección, a Vitria fue.

Díjome eso y pregunté: ¿El cadáver? ¿No le ha dicho el demonio que en el mar lo encontró? No me lo ha dicho, mas lo creo si a Su Eminencia lo ha contado. Eso dice el demonio por ver de contentar a unos y a otros y a todos llevárselos con él, me dijo. Mas lo que digo yo, añadió, es lo que ahora escribirá: que si en Vitria lo vieron allí estaba. ¿Y en Santa María?, pregunté. También lo vieron, reverendo, dijo. Dice el diablo que es buena solución, repuse. Llegados a este acuerdo, él se durmió tranquilo y yo me volví a mis tortas.

El diablo tan contento, como habrá supuesto ya, si es que él mismo no ha avisado de su triunfo a vuestra merced: ver al fin a Lequerica en los altares.

Ahora se dispondrá a conducir la mano del escultor que haga su imagen venerada o del pintor que fije en el lienzo su beatitud con modo más precavido que el que en Sevilla pintara el cuadro que vuestra merced se inventara. Pero piensa el diablo que a cualquier glorificación conviene la dulzura del gesto y el gesto manso, y lo dice con esas artes burlonas que usa para convencer incluso a los suyos, como es el caso de vuestra merced y el mío. Apelo yo a su difícil sensatez no vaya a ser que la desmesura incite a descreer de la santidad del venerado. Es decir, que el gesto delicado lleve a pensar que en las debilidades que hemos borrado de nuestras mentes hay motivos para la duda.

Pero pronto volvió a llamarme el cardenal y consultóme con qué atributos habíamos de ver su imagen venerada y vi de pronto una gaviota alzarse ante mí como venida de una remota playa y rió el diablo contento del acierto, recordando quizá aquellas gaviotas que evocaba el tío de vuestra merced desde el infierno, o no sé si vuestra merced, que tan confundido tengo al uno con el otro que dudo ya de que el mismo no sean. Puso el cardenal, haciendo con la mano como quien se coloca un ave sobre el hombro, la gaviota en el hombro de la imagen sedente, pues reclinado hallábase también el cardenal como si de la viva imagen de nuestro venerado se tratara.

¿Cuál es su símbolo?, pregunté sin hallar otro sentido a la gaviota que la risa del diablo. El vuelo, dijo. No dijo más que eso, y dije yo que todo en Lequerica un puro vuelo era. Movió la cabeza el cardenal, contento de acertar en esto. Mas, mirando mis manos todavía enjoyadas, preguntéme si más de un anillo habíamos de poner en las del beato y el diablo volvió a reír y Su Eminencia al tiempo. Aunque no de igual modo.

Gustó mucho de sus anillos, murmuró mirándose las manos, mas sólo el diablo tendría la ocurrencia de adornarle las manos de tal forma que el brillo distrajera a los devotos. Un gesto de fastidio hice y fue cosa del diablo, pero al pronto repuse que dos anillos, sí, que dos anillos, uno por Vitria, por Santa María otro, serían de justicia. Ya habré llegado, dijo, a un nuevo acuerdo con el diablo. Y a fe que había llegado, tanto que el diablo preguntaba en ese instante qué habría de portar en sus manos la imagen, y el cardenal, como si oyera al diablo, respondió que una mano iría a su rodilla, reposando, y la otra hacia atrás y al desgaire, y gustóle al demonio el desvarío y aceptó que ese gesto de pura gloria era, complacido.

Mas, ¿dónde el báculo, que su brillo requiere? No sé quién preguntó, si el mismo cardenal, el diablo o yo. Mas esta vez respondí yo, y el cardenal conmigo, que los ángeles, muchos, poblando la peana, portarían gloriosos el báculo y la mitra. Y Su Eminencia sugirió al instante que un ángel se sentara al borde mismo de su lecho y acaso pretendiera tocar el santo rostro de la imagen; que la tocara sugirió el demonio, sin que quedara decidido al fin dónde habría de poner su mano el angelito.

¿Y las cabras?, oímos una voz. ¿Cabras por qué?, me miró Su Eminencia con asombro. No es bucólica estampa ni belén lo que ahora mismo estamos decidiendo, dijo. Las hay en Vitria, y muchas, y fueron bendecidas por él, como a los locos bendijo y acogió, y acaso eso lo haga protector de cuantos perdieron la cabeza. Halló, convencido, el cardenal un lugar donde poner la cabra, levantando la cabeza hacia la zapatilla bordada del prelado.

Amigo y dueño estimadísimo: ya todo está dispuesto para la beatificación de monseñor Juan de Lequerica, mas ahora nos queda poner en camino a vuestra merced, y el diablo, que le protege, quiere que abandone la casa de Sevilla. Acaso es su capricho, porque es tan caprichoso como lo es Dios, y lo es el Papa, lo son mucho, mas de entretenerse vuestra merced en cumplir lo que el diablo nos pide, por haragán o díscolo, pudiera el Santo Tribunal ir a por vuestra merced y hacer de su vida lo que hubiera menester. Yo aconséjole oír la voz del diablo y que os convierta como él desea en fraile. Pues hábil es vuestra merced para inventar, invéntese el fraile que no será jamás y parezca que lo es como conviene.

Pobre ya es vuestra merced y si no llega a su casa el Santo Oficio ya ha tiempo que el hambre ha llegado y vive con vuestra merced lo poco que vuestra merced vive. Toque a las puertas del Real Monasterio de Santa María de Regla en Vitria y apele a mi nombre para que le den cobijo. Se lo darán y el diablo ha de encargarse de que nada le falte a vuestra merced como es mi deseo.

De Vm. de corazón amigo Q. S. M. B.

RVDO. WALTER FRODMAN

IX

ETELVINO DE LA SOTA DESCUBRE EN LA CLAUSURA LA NATURALEZA DE LUZBEL

Mucho sabía yo para lego y poco para sacerdote, mas a nadie se le oculta que lo que sobra no molesta y que lo que falta da trabajo, así que dije que por humilde me placía servir como sirven los criados, o sea, de lego, y que en esto imitaba a nuestro padre san Francisco. No debió de encontrar gran mérito el padre guardián, que me seguía la mirada, ahondando la suya, por ver si en el camino escurridizo de mis ojos apreciaba alguna falsedad, en que fuera amante de la santa pobreza, porque aunque quisiera disimularla, los andrajos con que llegaba vestido al convento y mi miserable presencia me hacían la encarnación de la pobreza misma. Lo que no dije fue que soy haragán y que al trabajo de los legos encontraba ese inconveniente, que fuera trabajo y a veces duro. Mas tampoco tenía yo dónde elegir, ya que de permanecer en mi casa de Sevilla me hubiera sacado de ella, y no con buenos modos, el Santo Oficio, y al saber por Frodman de esta repentina y apasionada vocación mía desistieron de ir a por mí. Y estaba de otra parte el diablo esperando que cumpliera mi misión, que los conventos están llenos de gente que el diablo manda allí, aunque los más simples piensen que el diablo envía toda su gente a los burdeles.

Verdad es que el hambre se soporta más cuando anda uno distraído y, una vez beatificado fray Juan de Lequerica, ni los papeles hablaban ya ni el diablo hacía diabluras con ellos, de modo que todo parecía borrado y el hambre fatigaba mi memoria, y no es que pensara en morir de aburrimiento, es que ya estaba muerto de la comida ruin y las privaciones, y metido en el infierno de la desgana. No me extrañaba que Frodman no supiera a veces si yo era yo o mi tío porque yo también estaba convencido de ser mi tío de tan muerto como me hallaba, comiendo tan poco como los muertos o un trozo de pan a diferencia de ellos.

Cuando recibí la carta de Frodman quise ver en los libros y en los papeles qué pensaban, mas el miedo al Santo Oficio debió de entrarles por todas las tapas y por los resquicios de sus páginas envilecidas, y el miedo hace callar y se nota más por el silencio que por los tiemblos, según he sabido esta vez, porque cuando otrora temieron al fuego me lo hicieron ver de manera distinta, como ya les he contado. A lo mejor tuvieron pena de mí en esta ocasión al verme tan vencido o se dieron cuenta de la mucha pena que yo sentía por dejarlos, sin poder evitar mi marcha y entregando la casa a la Orden como quien renuncia de buen grado a los bienes de la Tierra, y si algo me distingue es mi apego a esos bienes, si bien me puede más la vagancia que el gusto de poseerlos. Mucho interesó al padre guardián el valor de nuestra casona por bien situada y por su mucha prestancia, aunque abandonada, y advirtióme que si algún día el diablo se empeñaba en hacerme dejar los hábitos, habría de saber que la casona no me sería devuelta. Algún riesgo hallé en eso, mas sonreíme porque creía el padre que habría de intentar el diablo sacarme del convento y era el diablo el que me metía allí, sabiendo él que no era la gana con que yo hiciera mis votos lo que más hubiera de importarle, sino los votos mismos y el modo de fingir piedad que tanto le placía.

Lo peor del diablo es que no avisa con tiempo lo que quiere de uno y exige de improviso, manifestándose lo mismo que Dios en sus caprichos. Yo notaba su mano en la recogida piedad que me imprimió de súbito y temía como Frodman a las exageraciones del demonio, pues puesto a exagerar recitaba yo laudes fuera de hora y maitines cuando nadie me lo pedía, igual que cantaba Lequerica de pequeño fuera la hora que fuera, y se me veía en la clausura presto a una letanía incesante, monocorde, a cuya música le fui tomando el gusto como a la monotonía de los gorriones con la seca o a la de las chicharras cuando la calor agobia. La torva mirada del padre guardián fue tornándose acogedora y, quizá porque Frodman le diera cuenta de mis saberes, en lugar de trabajo en las gañanías o en las huertas, donde el cuerpo se somete a una dura flagelación por el mucho movimiento, diómelo en la sacristía para las delicadezas de poner en orden los ornamentos y servir al culto, adornar altares cuando conviniera y encender los cirios a sus horas, tocar campanas para llamar al rezo y saber cuáles, y cuándo toca repicar a gloria o doblar a muertos.

Mas tanto gusto hallé en este oficio que olvidéme del diablo y había pensado ya que el diablo de mí, pues tiempo hacía ya que no volvía el diablo a despertarme la imaginación en la celda, ni me invitaba a despojarme de la estameña y ver cómo aflora el deseo y bulle, y lo despacha uno acariciándolo, que es la forma en que el deseo se contenta de no poder contentarse en otro cuerpo. Mas se reía el diablo al verme salir con carne satisfecha de la celda y callar al confesor que había pecado, porque en este silencio estaba para el diablo mi papel y en mancillar la celda con el orín angélico. Y venía todo del bien que hallé en el cuerpo al comer carne, restos de olla, quesos, pasas y dejar de ver figuraciones.

Y ya digo, sentíme de pronto más tranquilo por la ausencia del diablo y quiso el diablo castigar mi falta, o premiarla, quizá volverme a su redil.

Fue una tarde, a la hora nona, llevando entre mis manos un rosario y en los labios la corona seráfica, cuando agachado fray Perpetuo, recogiendo unos frutos y al tiempo que lo hacía masticando, de Satanás vi la sombra y el corazón diome un vuelco. Un gozoso promontorio simulaban las nalgas del frailecillo al elevarse éstas y quedar doblada su figura, mientras bajaba la cabeza al suelo en busca de los frutos, y en esa masa prieta, resuelta en colina que inquietaba a la vista y por la vista a mi cuerpo todo, el diablo mostróme la tentación holgada en una saya, como un bulto sensual que en primavera, con aquella luz que todo lo envolvía, los frutos exhalando un olor tibio que urge al sentido, aprieta y lo desborda, y al fin termina perdida la razón y con ella el alma. Y para colmo, ¡fray Serafín!, gritó el frailecillo, y es que no he dicho aún que el nombre de Etelvino era del mundo y en el mundo quedó y aquí pusiéronme por nombre Serafín. Su voz angélica venía de otro lado, no de allí, no era terrena, y corrió hacia mí aquel hermano joven y cuando estuvo cerca no supo qué decirme, quitóse la manzana de los labios y diómela a comer, y al morder yo sentí que me abrasaba las entrañas y un fuego condujo mis manos a su rostro, como si no fueran mías ni yo pudiera en ellas, y él con las suyas, blancas, dulces, me acarició mirando el fuego que me inundaba las pupilas, perdidos los ojos del asombro.

Maldije al diablo entonces, si no era a Lequerica al

que debía maldecir por querer condenarme con un deseo nuevo que siempre condené, aunque lo mirara con indulgencia, y con el que él gozó ocultándolo. Bajó el rostro fray Perpetuo, con el mismo recato de una dama que se avergonzara ahora de su intrépida forma de azorarme, y aumentara así su seducción, y se alejó rezando, arrepentido quizá de haber puesto sus ojos en mis ojos de aquel modo. Acudí presto a la iglesia queriendo suplicar a Dios que me librara del diablo al descubrir su última acechanza, que si no el cuerpo, la vista y los sentidos se me holgaran tanto por donde nunca antes hallaron el placer.

Contemplo ahora, sentado en la ruda madera de un escaño, a este mi cómplice: el venerado beato fray Juan de Lequerica, a quien imploro no haga de mí lo que de él hizo el diablo. Su imagen alzada en la altura de su retablo está, acogida en el camarín central que cercan los capiteles, muy adornados por los pámpanos que baña el oro, y no sé si sus ojos soñolientos me desdeñan no queriendo saber de mi pecado, o miran; o si esa manera ambigua de mirar responde a un modo de tener a la vez el ojo en el cielo y en el devoto, aunque más baja que alta la mirada, distante en cualquier caso. No conocí al imaginero ni pude aconsejar su gubia, mas paréceme que a su oído estuviera dictándole también cómo eran los ojos de este beato

Juan de Lequerica que ahora me jacto de haber subido a los altares. Nadie tiene más conocimiento que yo de cómo miraba el venerado, pues si lo imaginé bajando y subiendo la mirada y mediando en ello mucho recorrido, hasta mirar donde no debiera y más allí donde no debía, me han seguido sus ojos en los sueños y cuántas veces he sentido su reclamo desde los libros. Mas es posible que ahora me mire con desdén, ya que del pecado de la ingratitud participan todos los que consiguen su gloria, y aunque la suya sea celestial, no por eso, y muy al contrario, es menos poderosa. Debiera recordarle yo cuán desvalido y menesteroso andaba tras de mí rogándome en aquellas apariciones, que si bien los libros las tenían por tales no son fáciles de distinguir, si apariciones o sueños, que quitara aspereza a sus debilidades. Es verdad que a veces lo observé muy altanero y fue en aquellas ocasiones en que sus manos no estaban tan primorosamente puestas como ahora el artista las coloca, sino inquietas en el juego de los abalorios y prestas a encandilarme con la pedrería de sus pectorales. O manejando anillos de tal modo que diérame a entender que en sus sortijas se miraba para vencer a la víbora que en el sueño éramos a la vez yo y el diablo, con el capricho que los sueños tienen para que uno sea uno y otro al mismo tiempo, como le gusta al diablo. Mas fuéramos el diablo o yo, cierto es que la víbora asediaba su zapatilla cárdena bordada con primores, y lejos de inquietarse ganaba compostura como quien a punto está de vencer al Maligno, y el Maligno dejándose vencer. Una Inmaculada Concepción podía figurárseme y no le faltaban para ello arreboles en el gesto, ni abundancia de cabellos a los que diera el sol, ni modos de alzar la cabeza queriendo elevarse. Le faltaba, eso sí, la agilidad de la Virgen para andar por las nubes con soltura y sin pisar un ángel, y le sobraba, eso también, peso.

Y ahora no veo yo al Maligno en medio de esta escena de gloria del altar que me conforta tanto como si de ese triunfo de Lequerica, que también lo es del diablo, me tocara una parte. Y no viendo al Maligno, como me prometiera el reverendo Frodman que habría de figurar en la alegoría, aunque fuera aplastado, no me veo yo, o acaso deba reconocerme en esa cabra que encabritada figura en su peana por mor quizá de aquello que atribuyera un servidor a un fraile de Loreto inexistente. Debiera reconocérseme al menos que si sus manos le dan tanta prestancia a su imagen de gloria es porque así dijera yo que las vi: una alzada, como si a punto de emprender el vuelo se hallara, buscando algo impreciso entre una nube, desprendiéndose del cuerpo, tal vez con poco tino; la otra, caída levemente, abandonada al gozo de su atavío, piedra incierta la de su anillo, no se sabe si zafiro aquí. Tendido está más que sentado, y no es mérito mío esa comodidad, pues es justo decir que siempre lo vi de pie y atento a cuanto se dijera de él, aunque de su tendencia a recostarse, y no sólo a eso —la compañía de los ángeles aquí abundantes, doy fe de que es certera—, bien pudo aconsejar representarlo en esta dejadez de quien se deja transportar al cielo sin poner reparos.

Lo injusto es que el demonio no aparezca en su sitio, mas puede ser lo justo porque oculto está donde está de verdad; se goza en el engaño y este retablo es su propio gozo. Ahora que me engaña no lo veo, mas siento a mis espaldas los pasos de fray Perpetuo, sus delicados pasos, un perfume a limonero que trae en las alas y le adivino yo, y por el olor ya empieza a inquietarme.

No, Lequerica, hermano, no trate de condenarme así, volviéndome el olfato, que fue viril olfato siempre, olfato de mujer que a punto está de despertar en mí y salirse por donde todo hombre se derrama.

No puedes fiarte del demonio; si no fuera un traidor no sería el que es y mi engaño era el suyo y consumado estaba; olía allí sin remedio el incienso, la cera, perfumes que repelen sin piedad a un cautivo de Satanás, pues goza el diablo abandonando a los suyos en territorio ajeno, o en propio territorio. Las campanas crujían en mis huesos de descreído y el verdadero infierno era para mí aquella impía determinación de no ser el que era.

En las cajoneras donde disponía albas, amitos, cíngulos y estolas, casullas, capas pluviales, roquetes y dalmáticas, escupía mi desventura, blasfemo a mis anchas contra el diablo y cumpliendo así, sin que ése fuera mi propósito, el papel que el Maligno me había impuesto. Mas por si fuera poca mi desgracia me encenegó los ojos y hube de esquivar en el refectorio y en horas de oración la mirada furtiva de Satanás buscándome, cuando al cruzar los brazos fray Perpetuo la armonía de su cuerpo deparaba a este mi despojo la esclavitud de un verdadero escalofrío. En noches de calor andaba ansioso —cigarras y gorriones en la sangre— y la mirada del fraile se imponía por los inmensos corredores del insomnio, sus ojos persiguiéndome, mas no encima de mí, dentro de mí, donde yo no podía apartar la luz, la aguja afilada de su mirada penetrante, de su obsesiva fijación. Y sin dormir, a la mañana hallaba ante el tazón del desayuno, más ardiente que el sol, más restallante, más agresiva al deslumbrarme, la mirada otra vez. Y si en la misa, los ojos se me iban del altar, muy atentos sus ojos imploraban acogida en los míos, la tenían sin yo quererlo por mi debilidad.

Yo, Lequerica, soy varón y quiero serlo, mas sois el diablo y vos los que buscáis en mí la burla, decía en la desesperada huida de aquellos ojos.

Abandonaba la sacristía, el culto. Al jardín iba primero y después a la huerta me llevaba el deseo de ver en la luz de Vitria la figura que sostenía una cabeza alada, la tonsura tan delicadamente perfilada que una aureola era, mas no la aureola pétrea de los santos, sino un cerco que al rostro, barbado apenas de aquel ángel, otorgaba un aura sensual, la indefinible atracción de lo verdaderamente humano. Si dulce era el olor de aquellos campos, verlo agacharse y levantarse era, tan ágil, como si el aire se hubiera hecho hombre y fraile y conminara a tocarlo y a comprobar en su carne que el demonio lo había traído allí para tentarme. Mas el demonio debió de aconsejar a nuestro prior sin que yo le viera el rastro, de tan poseído y abandonado a la vez como me tenía, porque dispuso el padre que a los oficios de sacristía viniera a ayudar el lego, acaso porque en su cuerpo la dalmática del subdiácono se hacía oropel de legión celestial y adornaba el altar aquella figura tanto que aunque traída por Lucifer enviada parecía por el Altísimo para darle gloria. Mas hube de cerrar los ojos, rehuir su mirada, poner el gesto más huraño que tengo, sin que pudiera al fin evitar que el olfato se gozara en su olor ni que el oído atendiera a su voz, una voz que llamaba con acento exótico, que no era acento sino ese placentero abandono del habla cuando seduce o busca, una voz fina, como si la mujer de la que dice Frodman que habita dentro de hombres que no son, aunque creen que lo son, habitara en fray Perpetuo. Recitaba él las florecillas de Nuestro Padre cuando, perdido el tino, buscábamos la sombra de la alberca hasta que la campana alegre llamaba a la comida, y era su voz como la música de la fuente. Un frescor de pronto me invadía todo y aquella paz por dentro nunca fuera advertida antes por mi alma, hasta tal punto que llegara a pensar que nunca alma tuve antes y ahora sí corría peligro de condenación. Tomaba levemente su mano y él la mía y con las manos juntas creíamos estar del cielo cerca, aunque el Señor pudiera reprocharnos el mismo acogimiento de las manos con su mucha dulzura. Luego, en la celda, solo, miraba a Vitria por la celosía, y si me había tenido por preso y al ver andar a un tullido por fuera lo envidiara por libre, ahora veía como tullidos a los que no lo eran y andaban a su albedrío, tan sólo porque mi prisión era mi cielo y en esto me gozaba como si la debilidad me hubiera convertido en otro.

Mas temía yo al diablo, que de tan oculto podría estar muy cerca, ahora que el incienso empezaba a ser un dulce aroma y Dios, una esperanza. Y en éstas vino el diablo a su manera, entre la pompa y el boato de aquel día de mayo en que celebrábamos la fiesta del beato Lequerica, haciendo escaramuzas por el oro de casullas y capas, revelándose en el rostro bordado de los ángeles o desde la mirada de un ángel en la alfombra, juguetón tal vez entre las flores, pues mientras mis hermanos entonaban los kiries de la solemnidad, reverberando luces junto a la imagen de nuestro venerado, de las flores venían los efluvios, la azucena esparcía un aroma que al cuerpo agitaba de nuevo por donde el hombre peca, nada más vi a fray Perpetuo portando entre las manos la mitra del obispo, sobre un cojín la mitra. Y puso en mí sus ojos el frailuco. Al levantar los míos, noté que entre mis hábitos una fiera bullía. A duras penas pude tomar el incensario como era menester y, después de que un acólito de la naveta hubiera extraído el incienso y lo pusiera en el carbón candente, vi en el fuego el poderoso ojo de Satanás riendo como ríen sus ojos y creí que el carbón del incensario ardía entre mis piernas. Fuime al preste y agité el incensario y al diácono inciensé y lo mismo hice con el otro celebrante y después acudí al sitial del obispo en el lado del evangelio, antes de inciensar a los fieles como era debido, y ya andaba en un sopor de tanto aroma, como un sonámbulo. Y mi contento hacía flaquear mis piernas, mientras un hormigueo devorábame por donde, al mirar a fray Perpetuo, junto al obispo ahora, mi cuerpo se salía de mi cuerpo y buscaba el suyo sin respeto ni decencia.

Viéronme caer sobre la alfombra celebrantes y fieles, como cae un muerto o alguien que la muerte tiene pronta, y sólo fray Perpetuo abandonó su escaño y acudió en mi socorro y en su rostro apenas entrevisto en mi naufragio vi al diablo ahora con el más hermoso de sus rostros. Y nada supe ya, porque entróme un sueño que era a la vez agonía y supuse que el diablo me llevaba de esta tierra dándome el gusto de la mano de fray Perpetuo, el filo enérgico de su hermosa mano palpándome los labios trémulos, cerrándolos como a un muerto sus ojos. El frescor de una lágrima suya cayó sobre mi cara y dormíme sintiéndole junto a mí reclinado.

No sé si habían pasado muchas noches o pocas, ni recordaba nada, ni en la oscuridad de mi celda me fue dado saber si era mi celda o cualquier otro espacio, la casa de Sevilla. Por el olor no era la celda, ni la noche tenía luz que darme por aquel ventanillo que traía la luz si la había en la noche. Hablé en voz alta como si en sueño hablara y oí un suspiro, igual que si mis viejos libros suspiraran. Pensé en el diablo y en su obra y temí a su desconcierto, mas de pronto sentí que estaba vivo porque aquella mano en mi frente era su mano. Pero ¿qué hacía Luzbel allí y a aquellas horas, despierto y vigilando aquel mi extraño sueño?

—Enciende el cirio —supliqué.

Y entonces en su voz tan limpia y nueva, entre niño y mujer, descubrí la trampa en que me hallaba: de fray Perpetuo la voz había tomado el diablo y era aquel suave olor a hierbas nuevas el olor del frailuco.

—Ten compasión de mí, que vuelvo ahora de la muerte —dije.

—Nunca se vuelve de ella —respondió la voz, puesta su mano sobre mi pecho ahora.

—¿No estuve muerto? —pregunté.

Y me dijo:

—¿Bajas del cielo acaso?

—Subo del infierno por el calor tal vez —respondí.

Rió Luzbel, mas al reír era canción su risa y al tomarme la mano no era la suya porque mi mano hallaba tal acomodo en ella que volví a oír los pájaros aunque no hubiera amanecido.

—¿Qué fue de mí? —quise saber—, ¿trajéronme los ángeles?

Y respondióme él, con risas —un beso conmovió mi cuerpo, mis sentidos, en qué lugar el beso—; respondióme que la función sagrada requería a los ángeles dedicación completa, que fue la servidumbre de los señores, apostada al final del templo, entre las tumbas, la que acudió en mi auxilio; indiferentes a mi mal, como era de rigor, los celebrantes.

—¿Y fray Perpetuo? —pregunté, cortándose mi aliento.

—Aquí, junto a tu lecho —respondió—. Soy fray Perpetuo, púsome el padre prior a tu cuidado.

Retiré su mano de mi mano y de pronto volvieron las manos a dejar de ser mías, otras manos que ahora palpaban los leves montículos de su pecho como si fueran de hembra, y no supe si así los ángeles a Lequerica asistieron la noche de su muerte.

—Dime si traes espada o traes cuchillo —dije.

—Te traigo el fuego de la vida —contestó—, y busco el tuyo.

Me levanté con inaudita fuerza, dejé en el catre duro el frío de la muerte, la destemplanza de la enfermedad, busqué en la celosía cualquier luz de la noche, ni una estrella vi.

Creí que en mi delirio se encendía un velón y se encendía. Lo había encendido fray Perpetuo a sus pies y aquella llama elevaba la luz hacia unos muslos en vello de hembra envueltos, tan turgentes y hermosos como nunca los viera; luz irradiaban y, aunque negra la luz, más luz se hacían los muslos al llegar a aquel espacio donde se abre la vida, negra luz, húmeda caverna que me llama.

—¿Quién te ha traído aquí? —pregunté, mas la luz se alzaba dejando ver la cintura que el cordón franciscano me hiciera intuir tan delicada y tersa.

—Me trajo el diablo —sonrió.

Los pechos diminutos se alzaron como frutos en estación propicia.

—¿Cómo te llamas? —dije, y la besé en la boca, y al besarla sentíme como aquel fray Domingo de las Tribulaciones que en la celda, soez, al placer se entregara.

—Matilde —respondió, regresada del beso, y parecióme broma que se llamara igual que aquella otra Matilde Alodia del Valle que vestida de fraile entraba por la noche en los conventos.

Juntáronse los cuerpos, el mío con el suyo, y encontráronse en todo, los pliegues de la piel apenas resbalando en un rocío que suavizaba el agua cálida de la emoción, sus pechos perdiéndose en mi torso de varón, su húmeda oquedad acogiendo la trémula vibración de mi sexo, algo así como un éxtasis su jadeo, su viva contorsión, su derramado cuerpo bañado por el mío.

Amaneció y oímos un bullicio de milanos. Juntos los rostros antes de maitines, Matilde y yo vimos a Dios venir como siempre en la aurora, Dios como una madre.

Lo dije así y acaricié su vientre. Mas Matilde negó con la cabeza.

—Todo es una ilusión —le oí decir.

Y al pronto una gaviota cruzó ante nuestros ojos y yo nombré a Luzbel.

—¿Fue cosa de él, fue él el que te trajo? —le pregunté.

Y me dijo:

—Él fue quien me libró de mi destino: barrer, fregar, aligerar, limpiar las bacinillas, sacar lustre a los pomos, brillos donde no había.

—¿Hasta que llegó el diablo? —quise saber.

—Hasta que el diablo vino y descubrí su rostro en la cara de sátiro de un fraile que aquí me trajo y aquí me dio cobijo.

—¿Y quién es él? —temblaron mis labios con temor del nombre.

—No temas, que ya ha muerto —respondió—, y el diablo no da recados de él.

—¿Ha de vengarse ahora? —pregunté.

—¿Vengarse? —dijo ella—. Luzbel es el olvido. Vistámonos, hermano —suplicó—, hemos de ir a maitines.

—Si es Luzbel el olvido, Matilde, ¿adónde vamos?

—Vamos con Dios, que Dios es el engaño.

Madrid, 12 de febrero de 1998, Santa Eulalia.

AGRADECIMIENTOS

Al historiador Ronald Cueto por la atención que prestó a mis consultas, a la doctora Teresa Caso por sus aclaraciones y a Luis Antonio de Villena por su amistosa y paciente lectura de borradores. También a Francisco Brines, porque el final del relato algo debe a estos versos suyos:

Descifremos el mito:
el Ángel es la nada;
Dios, el engaño.
Luzbel es el olvido.

ÍNDICE

PRIMERA PARTE

I. Etelvino de la Sota, el joven, cuenta la desventura de su herencia 11

II. Fray Carlo Bizzarri descubre su viaje a Santa María del Viento por ver de hallar los verdaderos despojos de monseñor Juan de Lequerica 18

III. Francisco de Pardellas y Moreiras aconseja a Bizzarri que desista de verificar dónde se halla el cadáver verdadero de monseñor Lequerica 44

IV. Documento entregado misteriosamente a fray Carlo Bizzarri donde se cuenta la vida, obras, milagros y debilidades de monseñor Lequerica 57

V. Etelvino de la Sota, el joven, descubre las

artes de simulación de Etelvino de la Sota, el viejo 104

SEGUNDA PARTE

VI. Etelvino de la Sota, el joven, decide usurpar el nombre de Etelvino de la Sota, el viejo, y se escribe con Bizzarri 113

VII. Etelvino de la Sota, el joven, se escribe con Bizzarri como el sobrino verdadero de Etelvino de la Sota, el viejo 164

TERCERA PARTE

VIII. El reverendo Walter Frodman invita a Etelvino de la Sota a escapar del Santo Oficio e ingresar en el convento de Vitria 269

IX. Etelvino de la Sota descubre en la clausura la naturaleza de Luzbel 279

Agradecimientos 297

Otros títulos de la **Colección Narrativas**

LA MIRADA DEL OTRO
Fernando Delgado

NO ESTABAS EN EL CIELO
Fernando Delgado

DONDE EL CORAZÓN TE LLEVE
Susanna Tamaro

MÁS ALLÁ DEL JARDÍN
Antonio Gala

ELISABETH, EMPERATRIZ DE AUSTRIA-HUNGRÍA
Ángeles Caso

LOS RENGLONES TORCIDOS DE DIOS
Torcuato Luca de Tena

EL PERFUME
Patrick Süskind

TE DI LA VIDA ENTERA
Zoé Valdés

MUJERCÍSIMAS
Terenci Moix

EL JINETE POLACO
Antonio Muñoz Molina

LOS SANTOS INOCENTES
Miguel Delibes

EL VIEJO Y EL MAR
Ernest Hemingway

EL DESENCUENTRO
Fernando Schwartz

IMPRESO EN LITOGRAFÍA ROSÉS, S. A.
PROGRÉS, 54-60. POLÍGONO LA POST
GAVÁ (BARCELONA)